叢書・ウニベルシタス　899

真理の場所/真理の名前

エティエンヌ・バリバール
堅田研一／澤里岳史 訳

法政大学出版局

目次

凡例

一、本書は、Étienne Balibar, *Lieux et noms de la vérité*, Éditions de l'Aube, 1994の全訳である。
一、原文のイタリックは、訳文では傍点を付す。ただし、フランス語以外の言語であるためイタリック体が用いられている場合には、傍点は付していない。
一、訳者による補充説明は、〔 〕に入れた。
一、原文の［ ］は、訳文でもそのまま［ ］とした。
一、原文の《 》は、訳文では「 」とした。
一、原文で用いられた（ ）と——は、訳文でもそのまま用いた。ただしこれらの記号は、原文で用いられていない場合でも、訳文では読みやすさを考慮して、訳者の判断で適宜用いてある。
一、原文の“ ”は、訳文では〃 〃とした。また、訳文において、引用符（「 」）のなかにさらに引用符が用いられるような場合には、後者の引用符を〃 〃で示した。
一、原文には、最初の文字が大文字で表記された語が数多くある。このなかで、バリバールが一定の意味を込めて意識的に大文字表記を行なったと思われる語は、訳文では、太字で示した。
一、訳文本文中の（1）、（2）……は原注を示し、〔1〕、〔2〕……は訳注を示す。原注、訳注は、ともに一括して巻末にまとめた。

真理の場所／真理の名前

はしがき

私が本書でこれからお目にかける四本の論文——そのうちの一本のタイトルが本書のタイトルになっている——が共通のテーマにしているのは、真理の多義性とイデオロギーの不安である。私の作業仮説は以下のとおりである。まず、この両者はどちらももう一方によって解明されねばならないということ。次に、この条件の下でのみ、アンチテーゼの関係にあるこれら二つの観念は、その豊かな可能性をすべて回復しうるということ。

真理に関する哲学的言説を立てんとする試みは、改めて正当化する必要もない。というのもこの言説は、哲学の現実存在そのものと一体をなしているからである。今言ったことを認めるにあたって、真理とは哲学の唯一の「対象」であると想定する必要はない。それとは逆に次のように考えることも完全に可能である。すなわち、哲学は、哲学に還元されることのないあらゆる種類の言説や経験や実践に対して真理への問いを投げかけるのであり、また真理のさまざまな言説（哲学的ジャンルにほんらい属するとは決して言えないようなもの）に対しては、それらを超出するものへの問いを投げかけるのである、と。したがって、本書で私がなしているように、次のように認めるだけで十分である。すなわち、真理への問いは、いかなる形態をとるのであれ、哲学的なさまざまな試みと決して切り離しえないものだ、と。

この事実を否認することは、要するに、真理に代えてそれとは別の名前《ノン》を、すなわち基礎づけまたは方向づけにおいてこれまでにない力能を授けられた別の名前を発見するための、ごく単純な一つのやり方にほかならない（この別の名前を私は後に、「支配語（maître-mots）」と呼ぶ）。例えば科学、歴史、創造、生命がこのような別の名前にあたる。これらによってわれわれは、問いの円環から脱出するのではなく、その円環のまさしく中心に置かれるのである。

真理に関するあらゆる哲学的言説は、定義に支配されると認める必要もないし（この定義を、まさしく今言った命名《ノミナシオン》と区別しうる見込みはまずない）、また、およそ真理に関する哲学的言説は、体系を構成すること、すなわち真理を全体性として展開すること（ヘーゲルいわく、「真なるものとは全体である（*Das Wahre ist das Ganze*）」）、をめざすものだと認める必要もない——もっとも、真理と全体性とを等置するというこの偉業については、「全体」の観念を根本から捉えると、「真理」の観念そのものと同じく多義的である、というただこの一事をもってしても、それがもつ潜在力のすべてが汲み尽くされたとはとても言えない、と私には思われるのだが。われわれがとりうる道は、真理について問いただす（enquêter）ことだけである。もっと正確に言うと、われわれにできるのは、真理の言明作用の多様性について問いただすことである。

私が本書においてなしているのは、まさしくこれである。私は、いくつかの範例に基づいてそれをなす。したがって私は、一つの「真理の歴史」の地平に身を置いているのである。ただしこの「真理の歴史」とは、真理の出現の歴史でもなければ、真理の消失の歴史でもないであろう。それは、真なるもののさまざまな言説がばらばらになる、または切り離される歴史であるだろうし、したがってこれらの言説のあいだに創出されるさまざまな緊張関係の歴史であるだろう。これらの言明作用のなかでも、次のような言明作用が有利な立場にあるのは当然である。すなわちそれは、科学と真理とを同一視する言明作用、またはある科学的真理の固有の諸条件を定式化する言明作用である。けれども、真理のさまざまな言明作用について一つの歴史または記述を企てることは、それ自体としては認識論的なものではない。それはむしろ「倫理的」なものであるだろう。すなわち、スピノザが、「認識の種類」の区別と関連《アルティキュラシオン》に関して自分が行なった問いただしを倫理学と命名したような意味で、「倫理的」なものであるだろう。これについて詳細に論じることは、別稿の課題となるであろうが、今のところそれは棚上げにしておかねばならない。

真理について書くことについて釈明する必要はないにしても（単純素朴に考えるというリスクにだけ注意すれば、それでよいのである）、たぶんそれとは反対に、イデオロギーについて書こうとすれば、また「イデオロギー」という用語のさまざまな意味について書こうとすれば、それについて釈明する必要があるだろう。

ご承知のように、この用語はただ一つの意味をもつという錯覚に囚われながらも、この用語に概念としての内実を付与し、伝統的なもろもろの哲学的問いを「ずらす」ための梃子にしようという、近年の最も興味深い数々の試み――マルクス主義に示唆を得たものもあれば、そうでないものもある――が生まれてきた（とりわけルイ・アルチュセールの試み。ただし、それが唯一のものだというわけではない）。イデオロギーに対するさまざまな一義的な定義にひそむ実証主義が（とりわけ、イデオロギーを、科学とは他なるものとして、あるいは政治的実践とは他なるものとして端的に措定する場合に）なした貢献とは、それよりもむしろ次の点にある。すなわち、このような観念が、「形而上学的」、少なくとも「前＝批判的」と呼ばれるようになったことである。けれどもこの実証主義はまた、意見と呼ばれるところの（哲学者さえそれを免れることのない）ものが、ひそかに次のように考えるよう導いてしまったのである――「イデオロギーの終焉」とは、イデオロギーやイデオロギーのさまざまな形象に関して問いただすことの終焉でもあるに違いない、と。

　ここから一つの混乱が生まれる。この混乱は、次のような理由からますます錯綜するように思われる。すなわち、イデオロギーに関するさまざまな言説の大半が、否定的な価値判断によって、そして結局のところは、イデオロギーそのものの「止揚」の予告または命題によって、支配されたままにあるから、である。ところが、イデオロギーの終焉という言説ほど、自らの諸前提や歴史的諸条件についての無知という意味において、「イデオロギー的」であることが明白なものはほかにない。私が、イデオロギー問題に対する新たな哲学的介入というリスクを引き受けるのは、正しいかどうかは別にして、次のように思えるからである。すなわち、イデオロギーの終焉というテーマは、別のあるテーマにその座を譲ろうとしており、その別のテーマとはたぶん、「真理のすばらしさ」といったものではなくて、たぶん、イデオロギー（宗教的、道徳的、政治的）の帰還というテーマにほかならないであろう、と。なぜそう思えるのかというと、今やわれわれが、イデオロギーの「終焉の終焉」に立ち会うチャンスに事欠くことはないからである。たぶん人は、私の言い分を認めて次のように言ってくれるであろう――このような動向転換は、単なる後戻りとして現われているのではなく、またこの転換は、「歴史における観念の威力」についてのさまざまな心理学的定義や社会学的定義を持ち出せば済むようなものではない、こうしたことは、理論的（そして実践的）関心を向けるだけのものをいくらかはもっているようだ、と。

「イデオロギー」をわれわれが、止揚しえない一つの要素、つまり思考や人間的実存における一つの内的な条件として理解するやいなや、このような観念のとるさまざまな固有の形象、その観念のもろもろの表現やもろもろの矛盾のとるさまざまな固有の形象をこそ研究しなければならなくなる。この場合にもまた、ある「倫理的」な賭け金が現に賭けられている――たぶんそれは、前に述べたところで賭けられていたのと同じものである。すなわちそれは、「真なるもの」と

「真ならざるもの」との弁証法を、技術主義や心理主義や道徳主義から救い出すことである。

私はこの議論を導入するにあたり、教育上の目的だけではないさまざまな目的から、まずホッブズとスピノザのいくつかの命題を読み直すことから始める。彼らの哲学は互いによく似ており、またそのためにますます相容れないのであるが、このような彼らの哲学が範例的な仕方で例証するのは、真理に関する言説の世俗化のプロジェクトと呼べるようなものである。だからこそ、彼らの哲学が踏み入る分かれ道を注意深く見てみることはますます興味深い。この分かれ道とはつまり、私が言うところの、制定（institution）の哲学と構成（constitution）の哲学である。

ホッブズ的な考え方は次のとおりである——言語表現《ランガージュ》、つまり人間固有の能力（人間的な「超＝個人的」なるものの基礎そのもの）は直ちに、真理の場所と同時に、嘘や錯覚の（「隠喩」の）場所をも形成する。ここから、必要なさまざまな境界線を絶えず描き出す何らかの制定が必要となる。このような制定は、「言説の統制《ポリス》」や「正常科学」といった観念と関連させることができるであろう。このような考え方は、定義からして独断論や権威主義に属するどころか、むしろある種の「リパブリック主義的」プロジェクトの表現なのだと、つまり、「法治国家」の概念を知的諸関係の総体へと前もって拡大適用したものなのだと私は理解したい。そして、スピノザの反対＝命題によって明らかにされているのは、このリパブリック主義における内的緊張関係なのである。ただし、この反対＝命題における奇妙な「デモクラシー主義（démocratisme）」もまた、言語表現の価値切り下げを前提にしている（この「デモクラシー主義」とは、政治的なデモクラシー主義ではない。少なくとも、直接的にはそうではない。そうではなくてそれは、理論的なデモクラシー主義である。すなわちそれは、真なるものについてのさまざまな特権的な名前のすべてを中性化することに立脚したデモクラシー主義、つまり、思考における一切の標準化を排除するような、すべての「観念《イデー》」または認識の原理的平等に立脚したデモクラシー主義である）。

この論争は、哲学において絶えず繰り返されてきたけれども、それに決定的に決着をつけることができるかどうかはまったく定かではない。この論争によって示されているのはまさしく、「真なるもののうちにある（être dans le vrai）」という観念の両面性である。これとの関連で、真なるもののさまざまな名前についての現象学、または「観念の論理学（idéo-logique）」の大綱をなぜ私が提示することになったのかについては、後の記述を読んでいただければもっとよく明らかになると思う。この「観念の論理学」の導きの糸として、イデオロギーにおける「支配語」の出現を記述している。この記述は、真理が自分自身を指し示す仕方（真理のさまざまな名前の「自己言及」。これなしには確実性は存在しないであろう）から、この命名を道具にすると同時に結果にもするようなさまざまな象徴的衝突の痕跡にまで及ぶ。「真なるもののうちにある」とは、この観点から見ると、止むことのない反復の掟——ただし、反復とは言うけれども、それは、止むことのない前方への逃走でもある——に従属する一つの言説的「場所」または言説的「空間」

のうちにあって、真理によって、または真理の名において呼び止められるがままになることである。

この空間の記述は、必然的に一つの問いへと通じている。すなわちそれは、「意味」の構成・解体・転覆の方式に関する問いである。というのも、自己言及的言説の効果とは、世界についてのわれわれのもろもろの表象を固定するか囲い込むかすることであると同時に、それらの本質的なもろさ、つまりそれらが決して逃れることのできない不安を示すことでもあるからだ。けれども、唯名論的仮説というものは（とりわけ、ある種の「デモクラシー的」唯名論の試み、つまり真理のすべての名前のある種の平等化の試みとは）、私が思うに、われわれが世界のなかに現にあることの意味または「明証性」を転覆させるさまざまな方式の一つであるにすぎない。唯名論的仮説はたぶん、どんな哲学の仕事のなかにも含まれている。たとえ一部の過激主義的な「体系」だけが（例えばスピノザの体系や、『論理哲学論考』におけるヴィトゲンシュタインの体系）、この仮説をそれ自体として定式化しようと試みているにすぎないとしても、やはりそうだ。もっとも、われわれが、科学的知識の歴史のなかに、思考におけるある種の「脱＝イデオロギー化」運動のさまざまな規約《プロトコル》を探し求めることができるのは、明らかにこれとは別の観点からである。

本書の後半の二つの論文は、この問いの検討にあてられている。それはまず、「認識論的切断」に関する議論を再開することから始まる。とりわけある科学の諸原理を改鋳するなかで、そして知識そのものに内在する諸前提を批判するなかで、自分自身を「回帰的」な仕方で反省する、という意味での概念の（または概念化の）過程（procès）が、真理のある新しい言明作用を構成することに、異論の余地はない。すなわちそれは、命名としての（そしてまた命名法としての）ある種の言明作用であるのに加えて、歴史性としての、つまり無限の矛盾としての真理言明のある種の作用である。

私が示そうとするのは、概念に関するある種の認識論によって、最後には、ある種の本質主義的合理主義とある種の規約主義的相対主義とのアンチテーゼが回避されるということである。なぜこれが重要なのかというと、まさしく次の事実があるからである。すなわち、「脱イデオロギー化」とは、それとは反対のものなしには進行しないのである。それというのも、脱イデオロギー化の条件となり、また脱イデオロギー化の結果として生じるのは、知識の止むことのない「イデオロギー化」であるからだ。このイデオロギー化は結局のところ、ほかならぬ合理性のさまざまな形態をまとった、「全体性への直接の接近に対する無意識的な欲求」（カンギレム）から生じる。したがってイデオロギー化とは、科学的活動を境界画定のための用語で表象することとは相容れない。科学が自己の内部で想像的なものと関係することによってこそ、科学は実際に一つの歴史をもつことになるのである。ただし、その逆も真である。すなわち、イデオロギーのうちでの科学的認識の「作業（travail）」によって、想像的なものは、同一なるものの反復――つまり、象徴的普遍性を示すところの、継続的に生じるもろもろの形態、P・ルジャンドルが「真理の帝国」と名づけたもの――から逃れようとする傾向をもつのである。

G・カンギレムは、彼が「科学的イデオロギー」と命名したもの（一見したところでは、これは用語上の矛盾である。けれども実際にはそれは、およそ「概念輸出」をなす場合には必ず形成される地平である。したがってそれは、およそ問題系の拡張を行なう場合の中間項であり、また「正常な」科学において制定されたもろもろの境界線のかなたへと向かう知のあらゆる冒険の中間項である）を分析したり例証したりすることによって、この議論のために、一つの精密な基盤を与えている。この基盤は、科学史家にとって重要であると同時に、哲学者にとっても重要である。もっと正確に言うと、この基盤を基にして考えるならば、科学史家と哲学者とは互いの地位を交換してよいことになる。ここでパラドクスが生じる。すなわち、次の二つの考え方を同時に保持し続ける必要があるのだ。一方の考え方によれば、知は、自らの理論的想像性の過剰（これを、アルカイスムという意味を含むものとして理解するのは絶対にやめよう）によって進歩する。これに対して、もう一方の考え方によれば、知は、概念否定の威力によって、後戻りできない仕方で自らを「真なるもののうちに」書き込み、そしてこれまでとは違ったかたちで、真なるものの空間を再構成する。ところで、概念否定とは、「所与」の否定というよりはむしろ、「意味」の否定（さらには、「認識論的切断」と呼ばれた当のもの）である。

したがって、この過程は対称構造をなしていない。この過程には、fin——目的と終わりという二つの意味で用いている——がない。しかし、だからといって、それには方向づけまたはコナトゥスがないわけではない。「イデオロギー化／脱イデオロギー化」が示しているのは一種の弁証法であるのだが、その弁証法のさまざまな特異な、つまり科学というものの生成に内在する諸形態を哲学が反映することはできるけれども、だからといってその弁証法が哲学の産物であるわけではない。哲学はこの弁証法を承認するやいなや、実際にはそれと分離できなくなる。けれども哲学がこの承認をなしうるのは、この弁証法の自律性を経験することによってのみである。科学とイデオロギーとのいつ終わるとも知れない衝突のうちにある歴史性によって、哲学は一つの思考上の「経験」をしなければならなくなる。それは、哲学にとっては未知のものではないけれども、だからといって、反省対象に精通しているのと同じようにそれに精通しているとは決して言えないような「経験」である。こうして、科学とイデオロギーによって哲学は、真理と歴史とが両立不可能であることを認めるか、それとも歴史と真理とを端的に同一視するか、という二者択一を乗り越えるよう強いられることになる。

　今言ったことは、少なくとも、次のような「思弁的事実」の指標にはなる。すなわち、イデオロギーの場所におけるさまざまな間隙のうちには、つまりイデオロギーの場所におけるさまざまな「トートロジー」が揺らぎだすことのうちには、観念の論理学の空間とは異なるある空間が、思考にとって現実に存在するのである。しかしながらこの空間は、決して所与のものではない。それは、ある種の空間というよりもむしろ、実際にはある種の時間または運動である。その空間の構成を考えることは、理論的なものに独自のある種の「実験的」歴史性または時間性——予測不可能性と不可逆性とからなる——を考えることである（バシュラールとカヴァイエスの表現による）。この「実験的」歴史性または時間性をもって私が言わんとしているのは、それが、思考における思考されざる諸条件を産出し、対象化することの歴史性または時間性である、ということである。したがって、科学（規定されたさまざまな科学）に内在する「イデオロギー批判」とは、ある種の開かれたまたは未完成の弁証法であるだけではない。またそれは、誤謬が必然的に機能するとみなし、また「真なるもの」の歴史に「偽なるもの」が内在するとみなす弁証法の一つであるだけでもない。そうしたものにとどまることなく、それは——内面性と記憶とに基づく一切の伝統（すなわち、語の二つの意味における *Erinnerung* の伝統。ヘーゲルは、この二つの意味を使って絶えず言葉遊びをする）〔1〕とは逆に——、真理を無限に外在化し続ける、そうした弁証法の一つでもあるのだ。

このような考え方は、謎めいているとまでは言わないまでも、問題をはらんでいる。改めて言うまでもないことだが、私はこの考え方を、ある種の問いただしの暫定的結論として提出しているだけであって、問題の解決として提出しているのではない。

本書を構成する論文のうちの三本は、偶然とはとても私には思えないような成り行きによって、ジェラール・ルブラン、フランソワ・ルニョー、ジョルジュ・カンギレム氏によって以前に提出されていたさまざまなテーゼや分析について議論するという形式をとっている。私は、友情と感謝のしるしに、この論文集を彼ら全員に捧げる。

私が同じく感謝したいのは、アラン・バディウ、フランソワーズ・バリバール、オリヴィエ・ブロック、カトリーヌ・シュヴァレー、ロベール・S・コーエン、石黒ひで、グラハム・ロック、ピエール・マシュレ、ピエール゠フランソワ・モロー、マリオ・レアル、ウルヤ・シナスール、イヴ・ザルカの方々である。とりわけ彼らは、私が本書所収の論文の骨子を提示した何回かの研究発表の折に、所見や反論を私に述べてくれた。本書の冒頭の報告は、ウルビーノで数回にわたり行なわれたエミリア・ジャンコッティ主宰の大規模なコロキウムの最終回のために執筆された。彼女が光栄にも私をそこに招待してくれたのだった（なお、その最終回の『記録』は、彼女の弟子であるダニエラ・ボストレンギの努力のおかげで出版された）。最後に私は、ドゥニ・ゲヌーに心から感謝申し上げたい。彼は、自らが監修する叢書の一冊として本書を刊行するよう勧めてくれ、本書が当初予定されていたのとは違ったかたちのものになったことを寛大にも——その結果どうなるかについてはとやかく言わずに——受け入れてくれた。

パリにて、一九九四年一月五日

第一章　真理の制定
——ホッブズとスピノザ(1)

この研究発表の構想が思い浮かんだのは、まさしく「ホッブズと真理の制定(2)」と題されたジェラール・ルブランの見事な（そして挑発的な）論文を——遅ればせながら——読んだときである。私は、ルブランのさまざまな定式を詳しく検討してみたいという気持ちになった。そして今度は、この検討に導かれながら、私は、スピノザ哲学の独創性をもっと明らかにできるのではないかと考えて、ホッブズと対応させるかたちで、スピノザ哲学におけるいくつかの決定的テーゼを改めて書き記すにいたった。最後にこれら二つの哲学を分け隔てている溝を、両者のあいだに不完全ながらも一致があるのではないかと思われるようないくつかの点（とりわけ、唯名論に関する問い、あるいは宗教的なさまざまな意見《オピニオン》の規制における政治的権威の優位性という観念）まで含めて改めて測定してみた結果として、私は、まさしく真理のさまざまな考え方をめぐる、近代哲学に固有のもろもろの二者択一的状況について——われわれはすでにそこから抜け出していると考えるならば、それが自惚れであることは間違いない――、いくつかの注意すべき事柄を示唆された。私はほぼこの順序で話を進め、上記の三点に詳しい説明を――その長さは徐々に短くしながら――加えることにする。

けれども、まずはルブランの意図を要約することから始めよう。彼が、パラドクスを恐れることなく話を進めているのは確かだ。要するに彼の意図は、次のことをわれわれに示すところにある。すなわち、われわれは、本質主義か唯名論か、合理主義か経験論か、という既存の二者択一的状況（われわれは、一方の二者択一をもう一方の二者択一の方へと誘導していくことが多い）のなかに取り込まれているので、ホッブズ的な真理の考え方のなかに、プラトニズムのある種の逆転を見ようとする傾向が強すぎる、ということである。ホッブズは、プラトン同様に、一切の相対主義を、すなわち「人間が尺度だ」とする一切の哲学を斥ける。そして彼は、臆見《オピニオン》をすべからく、普遍的なものの基準に従わせようとする。ホッブズが「ギリシア人哲学者たち」をこきおろすという事実、あるいはホッブズが彼らを、本質実在論という形而上学的不条理の責任者だと見ているという事実（この批判が、何よりもまずプラトンに向けられているのは明らかである）、このような事実によってあざむかれてはならない。われわれにはすでに、両者のこの奇妙な親縁性を示す指標がある。それは、ホッブズが、主権と哲学との統合に基礎を置くところの政治的絶対者を、結局はその最も大胆なかたちで近代において再構成するときの、その再構成の仕方にある。けれども本当の勝負は、この結論以前に、つまりまさしく**真理**の考え方の次元においてなされている。私はルブランの結論を引用する。そこで彼は、自らのテーゼを次のように要約している。すなわち、「**知**の〝**真理**〟の実現を**制定**の問題として捉え直すことによって、つまりピュシスとノモスとを入れ替わらせることによって、ホッブズは、現にある最も大胆なプラトニズム救済を成し遂げている」(前掲論文、一三一頁)。おそらく、今言ったことを呑み込むのは少しばかりむずかしいと思われる。そこで、本質的な点に絞りながら、ルブランの論拠を見てみることにしよう。彼の論拠は全部で四つであり、それらが一つの発展的過程をなしている。

(1) ホッブズによれば、真理はもっぱら言語表現《ランガージュ》のうちに身を置き、かつ言語表現は、現代の用語を使って言えば、記号の恣意性と呼ばれるであろうものを特徴とするのだが、だからといってホッブズが、懐疑主義に導かれるわけではないし、規約主義に導かれるわけでもない。それどころか、名前または名称と事物または実体とのあいだの「対応」という意味のない問いを自分に課するのをやめるやいなや、われわれは、言語表現に含まれる次のような真の可能性を見いだすことになる。すなわち、われわれのもろもろの思想を普遍化し、永遠に真である必然的な諸命題を定式化しうる真の可能性である。実はこのような命題は、整合性を与えようとすることの結果としてのみ生じる。すなわち、ある同一の事物に適用される――同一のさまざまな現象に適用されれる、と理解しよう――けれども、一般性のレベルにおいては異なるさまざまな名称を、われわれが、それらの定義を基にして整合的に結びつけようとすることの結果としてのみ生じる。したがって存在論の解体に対応するものは、複数の名前――それぞれの起源は恣意的ではあるが、相互の関係は必然的である複数の名前――を手段にして真理を厳密に「計算する」ことの可能性である。

(2) けれども、この厳密さの前提として、ホッブズが「意味作用の不変性」と呼ぶところのものが保証されていなければならない。そしてルブランはそれを、「意味論的規制」の作用――真理と非真理とのあいだに境界線を引く作用――と結びつける。ホッブズは、計算について語ってはいるものの、実際には形式主義者ではない。語というものは、中身のない音またはシニフィアンである限りで、それ自体として価値をもつわけではない。語が価値をもつのは、語が指示する――語が悟性のうちに呼び起こす――概念によってである。その場合、語は、個人の記憶にとっては概念のマークであるし、ある個人から他の個人への思想の、したがって知の伝達ないしは伝播という面から見れば、概念の記号である。普遍性と必然性とが言語表現のなかに顕現するための必要不可欠の（*sine qua non*）条件、つまり言語表現が実際に**真理**の場所であるための必要不可欠の条件とは、次のようなものである。すなわち、名前と概念との関係が、時間とともに変動しないこと――同一の個人にとって変動することもなければ、ある個人と他の個人とのあいだで変動することもない――である。この可能性を開いたままにしておくのは、記号の恣意性である。

ところで、経験がまさしくわれわれに教えるところによると、この不変性はごく稀にしか見いだされない。すなわちそれは、幾何学の特権である。そしてこの特権によって幾何学は、ただ一つの実在する科学となる。そして、このとき人が拠り所にすることのできる二つの規範——明確な定義という規範と、定義の基礎を感覚に求めるという規範——は、必要なものではあるが、それらだけでは十分でない。すなわち、これらの規範そのものが不変的であるためには、この解決された問題を前提にしていなければならない。すなわち、あるコードが現実に存在すること、またはある最初の言語的コンセンサスが現実に存在することを前提にしていなければならない。

(3) ここで状況は、一見したところ完全に逆転する。真理の場所であったはずの言語表現——もっと正確に言うと、パロール（スピーチ）、すなわち言語行為——は、即座に、誤謬と理路整然たる詐欺行為（自発的なものであると非自発的なものであるとを問わない）との場所になるのだ。この原因は端的に次の事実にある。すなわち、名前と概念との結合（言語表記法の作用）は、あらゆる伝達作用または意味作用に先行しかつそれらを条件づけているのだが、この結合は各人の心のなかで行なわれる。ところが、この心のなかでの結合は、そのときどきの情念や、利害関心や、一般に、われわれが欲望と呼ぶことのできるもの（力への欲望であると、名誉への欲望であるとを問わない）に従ってなされているのだ。幾何学がその例外をなすのは、幾何学の対象が結局のところは人間にとってどうでもよいものであるからだ（そしてその限りにおいてのみ例外なのである)。それ以外のすべての場合には、「言葉による言説」によって翻訳される「精神的言説」は、欲望の対象が変動するのと同じように変動する。「ある人が残酷さと名づけるものを他人は正義と呼ぶ」、等々。人間というものは、自らの情念のために、「私的言語」を使わずにはいられない運命にある、というだけではない。その「私的言語」についても、それが多義性をもたないでいられるのは、独自に使用するために、定義をいくつかしておけばそれで十分であるようないくつかの領域に限られるのである。

(4) けれども、この状況の方もまた、どうにもならないように見えているだけである。この状況が描き出しているのは、認識に関する一種の「自然状態」であるが、この「自然状態」はまさしく――少なくとも原理上は――、文明または社会の自然状態とともに克服されている。もろもろの法《ロワ》が、「人々のあいだに合意が見られず、論争を生じさせる傾向にあるすべての名前の用法と定義」(『リヴァイアサン』第二六章、『法の原理』第二部第一〇章第八節)を定めている――または定めていると思われる――限り、これらの衝突にはもはや存在理由がなくなるであろう。もろもろの公的な規則――何よりもまず、厳密な科学的言語表現の規則と理解せよ――を定めることによって真理の可能性が回復されると同時に、これらの衝突は消えうせるであろう。もう一度ルブランを引用しよう。「この意味でコモンウェルスとは、真理の歴史における最終段階である。真理は、**命名者**の活動と言語表現の発明とをもって始まる。しかし言語表現は、この段階においてはまだ、さまざまなマークのコードでしかない——そして語の意味についての人々の共通合意はあまりに限られたものであり、不変的なコンセンサスを保証するにはいたらない。すなわち、**命名者**は、〝浮動する〟意味作用の大群については立法していない……。したがって、記号へのある種の統制《ポリス》を通じてマークのコードを補完することによって、彼の作品を取り上げ直し、完成させる責任は**コモンウェルス**、つまり**主権者**が負うことになる」。主権者は、法のテクストの解釈を決めるのと同様に、哲学上・道徳上のさまざまな問いに決着をつけたり、多義性を一掃したりしうるような、語の共通の意味を定めるであろう。けれども、誤解しないでもらいたいのだが、この決定によって恣意性が持ち込まれるのではない（恣意性を一種の暴力の意味で理解するのであれ、これこれの政治権力との関係での真理の相対性の意味で理解するのであれ）。「真理ではなく権威が法をつくる（*auctoritas, non veritas, facit legem*）」という定式が、かつてないほどに明確な意味をもつようになるのは、そこで言われている法が、真理を認識するときの拠り所となる法である場合である。主権者がなすのは、真理を「創造する」ことではなくて、真理を制定することである。つまり、個人的な情念の不当な影響力がもろもろの名称《デノミナシオン》に及ばないようにすることによって、そしてそうすることでこれらの名称を、それらのさまざまな必然的連鎖からなる宇宙へと連れ戻すことによって、真理が実効的に機能することを可能にすることである。主権者の決定のおかげで、最後には人々——正確に言えば、公民たち——は、語の強い意味で相互に理解し合うことができる。言語表現は、確かに真理の場所である。しかしそれは、国家権力によって規制され、統制されるものとしての、真理の場所でしかないのである。

＊

この解釈は非常に注目すべきものであるように、私には思われる。私が考えるにこの解釈は、ホッブズの思想においてコードの観念が占める中心的地位と、この観念を軸にして政治学と記号学とが互いに他方を自己のうちに包み込む仕方とを示すだけのものであるにもかかわらず、ホッブズの思想におけるある本質的様相を捉えている。けれども、理屈をこねることが私に許されるのであれば、主に『リヴァイアサン』のテクストを基にしながら、私は次のように言いたい。すなわち、私の考えでは、ホッブズにおける真理の制定の二つの異なる契機をルブランは取り違えている、もっと正確に言えば、一つにしてしまっている、と。確かに、真理は本質的には制定される。しかしその制定は二つの次元で行なわれる。なるほどこの二つの次元は相互補完的ではあるが、しかし両者の相互補完性は、保証されているわけではない。したがって、プラトンに始まる意味作用の問題に対する一つの「解決」だとわれわれには思われたものは、たぶん次のようなアポリアしか、うちに含んではいないのだ。すなわち、意味の固定性の要求を、政治的であると同時に認識論的な至上命令《アンペラティフ》とみなしながらも、プラトンの本質主義を維持することの不可能性に由来するアポリアである。これについてもっと詳しく見てみよう。

　私が考えるところでは、実はホッブズには、真理に関する一つではなくて二つの制定、または真理の制定に関する二つの方式がある。ところがルブランは、そのうちの一方を扱うのに適した方法を、もう一方に適用しているのだ。最初の制定、またはすぐに見て取ることのできる方の制定とは、『リヴァイアサン』の最終部全体の対象にして公然たる目標をなしている制定である。すなわちそれは、ホッブズが**コモンウェルス**と呼び、またわれわれなら国家と呼ぶことのできるものの決断、行為、発意によって、真理に効力を与えること、である。**コモンウェルス**という用語が実は重要である。というのも、この用語は、まさしく次のことを見て取らせてくれるからである。すなわち、さまざまな利害関心の共同体であると同時に、さまざまな臆見の、したがってさまざまな意味作用の共同体でもあるような一つの**共同体**《コミュノテ》を創設することが問題なのだ、と。コンセンサス（consensus）は、意味／感覚（*sensus*）の条件である。この制定を支持するホッブズの論証において本質的契機をなすのは、次の事実の証明であるだろう。すなわち、国家と教会とは、歴史的に見れば二つの別個の「権力」として、または——時代遅れの用語法を使えば——二つの競合する装置として現われるかもしれないが、それにもかかわらず両者は、まったく同一の共同体しか代表しえない、という事実である。したがって、国家と教会とはまったく同一の「人格」であるか、さもなければ両者は互いに破壊し合うかのいずれかでなければならない。「代表される」共同体のこの自己同一原理は、ホッブズが『リヴァイアサン』第二九章において、国家における「権力分立」と神的人格の三位一体との比較をなす際に明言するところである。われわれは、この原理を記憶にとどめておかねばならない。そうでないと、国家には公認の哲学的真理が必要だとするホッブズの主張――これが何よりも言わんとしているのは、国家はある特定の哲学を教えることになるということである――を、政治的角度からの評価も含めて評価することができなくなる。この制定(または、こう言ってよければ、制度化)が、すでにある二つの現実存在を前提にしているのは明らかである。すなわち、ある国家、または政治的共同体がなければならないのであり、それなしには悪循環に陥るであろう。次に、ある真理がなければならない。それなしには国家の決断は、空虚な、またはまったく内容のないものとなるだろうし、自分自身に背くものになるであろう。ホッブズは、主権をもった権力が誤った教説を公認することさえありうる――その方が、公認の教説が全然ないよりもましである――というテーゼについて弁明しているのを、私は知らないわけではない。けれども私としては、細かな問題には立ち入ることなく、次のように主張したい。すなわち、『リヴァイアサン』のとる方向はことごとく、今述べた安易な「マキアヴェリズム」とは正反対である、と。ホッブズが、真の(自然法に基礎づけられた)政治と真の道徳とのための基礎、および聖書の真の解釈のための基礎を打ち立てようと数章にもわたって心を砕いているのはなぜかというと、まさしく彼の考えでは、ある誤謬または不条理を公認することによって、**リパブリック**の権威を強固にするどころか破壊してしまうようなさまざまな矛盾が生じてしまうからである。したがってホッブズの「決断主義」は、この次元では、ある種の合理主義としっかりと結びついている。ホッブズの考えでは、真の道徳的にして政治的な教説は、国内平和と必然的に両立するはずのものである。けれどもこれとは逆に、彼は、このような教説はそれだけでは、つまり国家によって効力を与えられるのでなければ、無力であるとも考える。なるほどこの観点から見れば、さまざまな真理のあいだの、またはこう言ってよければさまざまな科学のあいだの相違とは、二番目の（二次的な、とは言わない）相違でしかない。一方の極には幾何学があり、もう一方の極には福音書と掟との解釈、つまり法学と呼んでよいものがある。けれども、幾何学でさえも制定されるし、また福音書の解釈でさえも、矛盾律に従う、テクストの真理を前提にするのである。

けれども、真理の制定については、より基本的であり、かつたぶんより根本的であるもう一つの次元がある。そしてそれは、ルブランが「意味論的規制」と呼ぶものに対応する。この「意味論的規制」はどのようにして作動しうるのか、また誰がそれを作動させうるのかを見てみる前に、しばらくのあいだその必要性について確認しておこう。『リヴァイアサン』第四章から第一二章（さまざまな名前または名称に関する理論から、さまざまな宗教に関する理論までを扱う）の対象は、「固有の意味」の散種としてのさまざまな現象の連続性を示すことである。「固有の意味」

の散種とはつまり、特に繰り返し用いられる用語を使って言うと、意図的でない誤謬と、信奉または信仰（またはある種のパロールの真理性に対する信頼）の操作とを引き起こすことの避けられないさまざまな名称の誤用である。しかし、理解しておかねばならないのは、この誤用は、用法と直接に結びついて同時存在し、さらにはそれと一対一で対応しているということである。誤用の可能性、すなわち意味の逸脱の可能性は、つねにすでに言語表現そのもののなかにある。とりわけそれは、隠喩という形式として言語表現のなかにある。これは、気ままな心像形成《イマジナシオン》や夢の可能性が、感覚の「映像的《ファンタスマティック》」性質のなかにすでにあるのと同じことだと思われる。さらには、この二つの問題は互いに結びつけるべきではないかと思われる。意味作用の不変性とは、一義的であるように決定的に固定された、一つの名前と一つの概念との関係である。けれどもこの関係がさまざまな心象《イマージュ》または映像《ファンタスム》を介在させる限りにおいて——これはまさしく、意味作用の第一次段階である——、この関係は同時に、個人のさまざまな内面的運動によって、さまざまな名前のずれにさらされ、また知覚的因果関係とは「あべこべに」産出されるさまざまな心象による錯覚へとさらされている。まさしくこの不可避的かつ根源的な「ゲーム」のなかに——仮にそこから逃れることができるとしても、そのためには言語表現そのものを除去する以外にはないであろう——、情念の運動が挿入されるのである。極限においては、個人の狂気が挿入されるのである。

悪の記述には、論理的に、救済策の記述が伴う。ホッブズが、言語表現の病理の治療のために

「自然的理性」の観念を持ち出すという事実をもって、彼が悪循環に陥っていると非難するのは正当ではないだろう。なぜなら、この理性が何によって構成されているのかをまさしく明らかにしなければならないからである。われわれとしては、後の時代の用語法をもう一度用いて次のように言いたい――この理性は、根本的に相互＝主観的である、と。治療の結果どうなるかというと、名称《デノミナシオン》をつくることや複数の名前を連結することと、情念つまり私的欲望とが可能な限り徹底的に分離されるのである。ホッブズの言葉で言うと、「真でない限り、可能性として考えられない」（『リヴァイアサン』第五章）ようなさまざまな一般的主張が定式化されるのである。けれどもこの結果が得られるためには、伝達《コミュニカシオン》の基準を実際に用いるのでなければならない。この基準とは、もっと正確に言うと、ある命題――それは、定理であってもよいし、法的な掟であってもよいし、経験的な規約《プロトコル》であってもよい――の文字どおりの意味を互いに説明するための基準である。要するに、言語的共同体においてパロールを交換し合う諸個人は、絶えず互いに情報を与え合う、つまり教え合うのでなければならない。意味の一義性は、伝達のための理論的条件である。けれどもそれは、実際に伝達が行なわれた結果でもある。したがってこの場合には、直接的に強制をなす必要はない。というのも、「制裁」は行為そのもののうちに、つまり伝達することの不可能性のうちにあるからである。すなわち「制裁」は、内在的正義に由来するのである。

少し前に述べられたこととは逆に、ここでわかるのは、真理の制定が国家の現存を前提にしないということ、少なくとも何らかの権威を与えられた権力——政治的「アクター」とホッブズなら言うであろう——としての国家の現存を前提にしないということ、である。しかしながらたぶん、真理の制定は、個人における伝達したいという欲望または意志を前提にしており、そしてこの欲望または意志は実のところ、国家が形成されている場合でないと考えられないのである。この問題には後で立ち戻ることにする。けれども前もって指摘しておく必要があるのは、この制定の方が、国家の現存よりもはるかに根本的だということである。すなわち、実際にはこの制定は、真理を構成している。すなわち、複数の語が一貫性をもっているように見えるかどうかという形式において絶えず問い直される、ということのないある種の真理の可能性そのものを構成している。真理の制定は、知識の領野（もろもろの定義、「正当な」呼び名《アペラシオン》、悟性による「計算」、からなる）と、無意味さや不条理さの領野、すなわち矛盾しているのに、矛盾しているものとして知覚されることのないような数々の対義結合（alliances de mots）のかたちをとった（例えば「姿なき実体」）体系的誤謬の領野、との「批判的／決定的（critique）」な分割を構成している。

ここでわれわれは、一つの比較をしなければならなくなる。それはカントとの比較である。ホッブズは、仮定のかたちをとってではあるが（世界の消滅という彼の有名な方法論的フィクションによって）、文字以前の物体知覚という一種の超越論的観念論を展開しているように思われるという点において——私は今この議論を、エミリア・ジャンコッティの論証に従って進めている

──比較がなされるのではおそらくない。そうではなくて、ここで行なわれる比較とは、あるまったく別の分野、すなわち真理と言語表現との諸関係の分野における比較である。意味作用の規制のための過程のかたちで実際にホッブズがわれわれに提示しているのは、まさしく一種の超越論的真理の観念である。この超越論的真理は、あらゆる論証的真理や経験的真理に先行し、かつそれらを可能ならしめる。そしてこの超越論的真理もまた、構想力《イマジナシオン》におけるある一定の図式論に基礎を置く。端的に言えばこの図式論においては、直観を概念の下に包摂することではなくて、「映像《ファンタスム》」を語の下に、または定義された語の下に包摂することが問題である。そしてたぶん、問題なのは言語表現であるがゆえに、ホッブズは、「いかなる権利か（*quid juris*）」という問い（彼が『リヴァイアサン』の最後で明示的に立てている問い）を、隠喩でなくしてしまう可能性を手にするのである。真理の権利とは、またはこう言ってよければ、理性のもろもろの作用を規制する超越論的なものとは、ずばり権利そのもの、つまり、自然の権利であると同時に実定的な権利でもある限りでの権利そのもの、またはそのような権利の一部分または一様相である。ホッブズの唯名論の意味は、このときにすべて明らかになる。すなわち、消極的テーゼ（普遍的なものは、語のなかにしか現存しない）の意味ばかりでなく、積極的テーゼ（語は、すべての個別的事例──それらのみが現存する──をもろもろの一般的規則の下に包摂するような仕方で制定することができる）の意味までもが明らかになる。

けれどもこのことによってわれわれは、ホッブズにおける政治的諸概念と記号学的諸概念との（またはこう言ってよければ、彼の政治学と、何よりも記号の理論である限りでの彼の認識論との）相互含意または相互帰属について改めてよく考えてみるよう促される。ある意味では次のように言うことができる――真理の制定における二つの次元は、『市民論』や『リヴァイアサン』が提示するような社会の制定における二つの契機と正確に対応する、と。けれども、次のように言う方がもっと正確であるだろう――これらの次元と契機とは、互いを前提にし合うという交差配列のかたちをとりながら、交差し合う、と。なぜなら、真理の制定におけるこれら二つの次元は、政治的制定を拘束するからである。政治的制定は、哲学的言説や宗教的言説の誤用を統制する。すなわち、政治的制定は、法や教義の公定解釈を制定すると同時に、真理教育の組織化をめざす。けれども、政治的制定がこのようにして精神的表象を規制しうるのは、政治的制定そのものが主権的な／最高の（souverain）制定である場合、すなわち政治的制定が、公民団を代表するもの／表現するもの（représentant）としてそれを制定した一つの協約《パクト》を起源とする場合のみである。ところでこの協約は、知ってのとおり、言語的伝達、つまりパロールを条件とする。ただしそれは、十分条件ではなくて（各人の各人に対する戦争のさまざまな結果に対する恐怖が必要であるからだ）、必要条件である。これは、社会契約《パクト・ソシアル》を構成する以前に人々が、社会契約の諸条項を議論するために協力しなければならない、という意味ではない。すなわちホッブズは、契約主義的理論におけるこのあたりまえのことが構成するであろう悪循環については十分に心得ている。そうではなくて、それは次のような意味である。すなわち、社会契約とは、本質的に相互誓約《アンガジュマン》の次元のものであり、またパロールによって明示されるさまざまな個別的契約《コントラ》を尊重するという誓約の次元のものであるから、すでに言語表現のある種の一義性を、したがって言語表現のある種の規制を前提にしているのである。したがって、本稿の採用する用語を使って言うと、言語表現についてのある種の制定を前提にしているのである。この制定を私は第一次的制定と呼び、私が最初に取り扱った「第二次的」制定——教育すべきさまざまな公定的真理の制定——とは区別したい。この前提が特に重要に思われるのは、約束（promesse）という決定的な問いを考慮に入れるときである。すなわち、個別の、つまり私的な誓約はすべて、あるいは立法のなかに含まれる誓約はすべて、言語表現において合意されたことを執行するという、社会契約に内在する約束を再現するのである。こう言ってよければ、これは、未来に関する言説における、ある体制から別の体制への移行である。すなわち、不安にさせたり平静にさせたりする一つの預言という神学的体制から、効果を伴う一つの誓約という政治的＝法的体制への移行である。

したがって、制定の図式全体は、三つ（または四つと見ることさえできる）の時間を含む。すなわち、まずは言語表現の第一次的制定。ここからコード化、つまりコード化に内在するところの、協定《コンヴァンシオン》の可能性が出てくる。そしてここから、主権の制定が生じる。そして主権によるもろもろの決定が、真理の第二次的制定を形成することになる。真理の第二次的制定とは、別の言葉で言えば、真なるものの領域と偽なるものの領域とに分割された、パロールに関する社会的体制である（これに対して、言語表現の第一次的制定は、意味の領域と無意味の領域とを分割する。もちろん、この二つの契機の連続性は、他の数多くの、とりわけ近代の哲学のなかにも見いだされる。けれどもホッブズにおいて注目すべきことは、国家による媒介が、一方の契機からもう一方の契機への移行においてはっきりと示されているという点である。というのも、国家そのものが、この機能を通じて自分を構成する必要があるからである）。

けれども、このとき一つの問いが定立されるのは避けられない。すなわち、このように相互に他方を前提とし合うということのなかには、少なくとも実践的な（そして前に述べた二つの次元を論理的に区別することによって発見できる）観点から見れば、あるアポリアの萌芽があるのではないだろうか。実際には、言語表現の制定または規制は、決して当然のことではない。幾何学的中性性の例外的性格の承認から始まって、語の誤用が根源的な性格のものであることの承認にいたるまで、そこで強調されているのは次の点である。すなわち、人間的言語表現において「自然」であるものとは、定義や合理的結合の可能性であると同時に、隠喩や範疇転換の、そして一般に「比喩」の可能性でもある。「比喩」とは、理性と情念とが個人において混合する場所——混合する機会であると同時に、混合した結果——であり、人間が語に結びつける矛盾した意味作用を住処とする。要するに、自然であるもの、それは両面性である。つまり、言語表現の同定または固定された体制と、他性を含み散種を行なう体制とのあいだで揺れ動くことである。

この二つの側面のどちらかに決定するためには、ある無限退行に入り込む必要があるように思われる。または、もっと正確な言葉で言うと、いかなる主権者（国家）も、法律によって、つまりそれ自体が討論、解釈、したがって論争を免れない法律によって、語の意味を定め、語の用法を規格化することはできないように思われる——ルブランもそう示唆しているが、その示唆の仕方そのものが実は隠喩的なものである。しかし、ある間接的な可能性が、それとは別の方面において開かれるようにも思われる。すなわち、国家が現実に存在するようになると、つまりある公的権威が（一つの事実状態として）存在するようになると、この権威そのものが「教師たち」、とりわけ哲学教師たちを制定する、つまり権威あるものにすることができる（国家全体に対する哲学教師の関係は、『リヴァイアサン』において執拗に繰り返されるアナロジーによれば、家長に対する普通の学校教師の関係と同じであるだろう）。そして哲学教師たちは、その教えによって、つまり彼らが広めるパロールと彼らに与えられた職務とが結合することによって、合理的なものと感情的なものとを切り離すよう一般大衆を義務づけるであろうし、あるいは、同一の語（例えば「天上の王国」や「霊」）を使用する場合には、真なる言説と隠喩的言説とを分けて使うよう義務づけるであろう。あるいは、こう言ってよければ、哲学教師たちは共同体のために、再び混乱を生じさせようといつも躍起になっている、純潔とはとても言えない人々――まず第一に僧侶たち、とりわけ権力追求のための組織をつくる目的で独身の誓いをしているカトリックの僧侶たち――と戦うであろう。こうした教師たちは、ホッブズ自身の科学を、それが公認されたあかつきには、教えることになるであろう。純粋に合理的なもろもろの原理を厳密に適用していくその仕方は、いわば言語表現における一種の療法であり、病気予防法である。誤用は用法に対応するものであり、また用法に依存するのであるから、誤用を阻むことができるのは、用法である。

けれどもその前提として、国家がそのような公認の教えを決定しなければならないのだから、われわれはまたしてもそこに循環があることを見いだす――こう人は言うだろう。ホッブズがまさしくそう言っているのだ。すなわち、逆説的なことに、およそ国家はこれまで、それとは正反対の教説を容認したり奨励したりすることによって、自分自身の利害関心に反する（したがって自国民の利害関心に反する）行動をとってきた、と。けれどもホッブズは同時に次のように説明する。そしてその説明は、この循環から脱出するための一つの方法――万人の万人に対する戦争の状態によって諸個人が、主権をある第三者に委ねる社会契約を締結するよう決心させられる仕方と似たような方法――だとみなすことができるものである。すなわち、今の時代（彼が書いている時代）を特徴づけているのは、安全に対する欲求であると同時に、真理に対する欲求でもある、と。別の言葉で言えば、ホッブズは、自分自身の利害関心が何なのかについて主権者の目を開いてくれることを、内戦に期待しているのである。

*

ホッブズの循環を問題にするのはここまでにして、今度は、ごく概略的にではあるが、スピノザの方に目を向けよう。以上のような説明に対して、アンチテーゼとしてのある図式を対置する必要はない。さまざまな時間的理由によってばかりでなく、原理的に考えてもその必要はない。なぜなら、複数の哲学を突き合わせてみる作業は、複数の体系を並べて置くことによってではなく、特定の論点をにらんでなされねばならないからである。ところでスピノザは、アンチ・ホッブズ的なことは一つも書いていない。ところがその一方で、スピノザの重要な著作――そこには『エチカ』が含まれる――で展開されている事柄はすべて、一種のホッブズ批判としてしか理解しえない。すなわちそれは、ホッブズが徹底的に批判したこと、とりわけ肉体的《コルポレル》／物質的実体と霊的《スピリチュエル》／精神的実体との範疇転換、に話を戻さないで済むようにするための批判である。

ご承知のようにスピノザは、公認の哲学教育という理念、さらには大学での哲学教育という理念にさえ一切断固として反対する者――言葉で反対するだけではなく、行為によっても反対する――である。あたかも彼は――少なくとも彼の時代のもろもろの条件の下で――この教育のなかにすでに、哲学に対して行使されるある種の強制（これは、たいてい取り上げられる側面である）のきざしと同時に、哲学によって行使されるある種の強制のきざしをも見て取っていたかのようである。この両者は、対称をなしながら、ある規範的機能、すなわちルブランが記号（または観念）の統制《ポリス》と呼んだもの、の行使と結びついており、この機能については、それがまだ公的なかたちで具体化しないうちからすでに警戒の目を向ける必要がある。

私の考えでは、規格化／規範にかなうようにすること（normalisation）のこのような拒否（もちろんこれは、およそ合理的規範（norme）を拒否するという意味ではない）を、『神学・政治論』の核心をなしてはいるけれどもその基礎は『エチカ』のなかにある一つのテーゼ――そしてこれは、ホッブズへの直接的返答である――と直接に関連づけて考えてみることは正当である。そのテーゼとはつまり、「心の奥底」に委ねられた確信と、外部に向けてなされる信仰告白との区別――心性的確実性（certitude morale）[1]と唇の動きとを分けて考える――を不条理だと告発するテーゼである。例えば、キリスト教王国に生活し、イスラム教信仰を秘めたままでそこでの礼拝に従うふりをするイスラム教徒の事例を考えよ。あるいはその逆に、トルコ人のあいだで生活する一人のキリスト教徒を考えよ。ここで、次のような問いを提起せずにはおれなくなる。すなわち、心のなかではユダヤ教徒であり続けながら、スペインの異端審問所のカトリシズムを形式的に実行することが本当に可能であったか、という問いである。ガリレイが、「それでも地球は動く！（*eppur si muove!*）」と叫ばずにいれたかどうかを自問することもできるであろう。これらの事例はすべて、スピノザの次のようなテーゼを支持するものである。それは、言葉《パロール》と心のなかの確信とを分ける境界線を見いだすことは不可能である、というテーゼである。意味作用の不変性、および意味作用の規格化というホッブズの問題との関係をそこに見て取ることができる。それはなぜかというと、私がすでに述べたように、ホッブズの立場の根本が、国家の安全を保障するために国家において教えられるべき真の哲学を発見することにあるとしても、心の奥底（または「心のなかの言説」）を口頭の言説から分離しうる可能性は、意味作用の制定の地平においてつねに残るからである。すなわち、この可能性によってまさしく、意味作用の制定を一種の再現前化《ルプレザンタシオン》／表象関係として考えることが可能になり、また意味作用の制定が、感情に対して権利上独立していると考えることが可能になるのである。同様に、前のところで述べた教育についての問いとの関係もまた見て取ることができる。この場合もまた、限界の問題、すなわちある暗黙の地平を開示する一つの限界状況にかかわる。すなわち、哲学を、制度化した教育の対象にすることは、諸個人に対して、ある種の分裂病的効果を産出する傾向にあるということ、つまり彼らのアイデンティティというよりはむしろ特異性を否定ないし抑圧しようとするということである。この特異性とは、『神学・政治論』において、本性的なるもの（*ingenium*）と呼ばれているものであるが、それは実はコナトゥスの別名であり、思弁的な言葉《パロール》さえも含む言葉がまさしくそれであるところの行為において働くのである。

固有の意味と隠喩的な意味、理性と情念ないし感情、内部と外部というホッブズ流の分離に対してわれわれがなしうるのは、スピノザにおいて、真理の構成（constitution）という問題系《プロブレマティック》に一役買っているもろもろのテーゼ（またはテーマ）の複合体を——展開しないまでも——素描しようと試みることである。構成は、制定がそうであるように、直接的な所与という観念や啓示という観念とは対立する。けれども真理の制定とは異なり、構成は、そのすべてが内在性において展開する。したがって、まさしく真理の概念そのものが、もはや意味を同じくしないのである。

最初のテーマは、言語表現をめぐる問いにかかわる。言語表現を真理の（唯一の）場所として指定するという点で、ホッブズは、あるアリストテレス的なテーゼに形式的には忠実であり続けた。ご承知のように、スピノザは、『エチカ』においてこのテーゼを斥け、表面的には、一種のデカルト的立場を自分なりに捉え直しながら（「第三種の認識」を意味する直観知（*scientia intuitiva*）という用語がこれを裏づけているように思われる）次のように要求する。すなわち、およそ観念のもつ内在的明証性が、言語表現におけるもろもろの類似性に完全に取って代わるべきである、と。けれども、よく理解する必要がある。「言語表現」、「言葉《パロール》」、「名称」等々の語を手始めに、もろもろの語をまさしくよく理解する必要がある。事実、真理の場所としての言語表現に対するスピノザの批判は、決して次のような意味ではない。すなわち、言語表現による真なる認識の記述には、およそ意味論的な機能や、とりわけ統語論的機能が欠けている、という意味ではない。『エチカ』の第三部と第四部において記述されているさまざまな観念連合関係と、「諸観念の秩序および連結（*ordo et connexio idearum*）」という反省的観念（私としてはこれを意訳して、「諸観念の結合の秩序」、あるいは諸観念の「統語法」――こう訳して悪いわけはあるまい――としたいところだ）とのあいだにあるとされるコントラストを、これとは別の意味でどう解釈したらよいだろうか。

スピノザが批判しているのは実は、そのそれぞれが、十全なる観念に対する障害物であるところのいくつかの言語的体制、つまり言葉《パロール》に関するあまねく行き渡っているいくつかの用法である。すなわち、何よりもまず物語、そしてまさしく名称がそれである。結局のところ、スピノザが言わんとしているのは次のことである。すなわち、語を名前として使用するという言語表現の方法は、何らかの科学的方法を構築せんとする人々にとってさえも、つねにまだ語りを担うもの（神学的な語りによって取り憑かれている）であって、論証を担うものではない、と。この批判が頂点に達するのは、『エチカ』第二部が描き出す、「共通概念」――等しく部分のなかにも全体のなかにも存在し、名前ではありえないようなもの――と「一般的観念」（人間、馬、意志、等々）との対立関係においてである。この「一般的観念」こそがまさしく、命名と分類との論理に従う。この論理とは結局のところ、一般化されたある種の表象論理であるが、この表象論理におけるもろもろの形而上学的抽象概念、つまり「超越論的なもの」は、矛盾した性格を示す。すなわち、最高の表象とは中身のない表象である、というわけだ。

これによってわれわれは、第二のテーマにいたる。真理の「場所」が言語表現でないとすると、もっと正確に言えば命名と表象としての言語表現でないとすると、真理の「場所」（または非＝場所）とは、実際には一つの過程であるということになる。それは、まさしく三つの「種類の認識」によって特徴づけることのできる過程である。それはまた、一つの真なる観念――どんなに原基的なものであってもかまわない――を産出する場合にも、あるいは魂の大なる部分を永遠不滅のものにすることのできるもろもろの観念からなる、一つの複合体全体を展開する場合にも、同じ仕方で考えることができるのでなければならない一つの過程である。ここで重要なことは、誤謬と真理という一つの対立関係しかないにもかかわらず、またこう言ってよければ、二つの異なる観点（「第二種」、「第三種」）の下で考察されているだけの、ただ一つの性格をもった真なる観念しかないにもかかわらず、今言った三種類の、一見したところでは逆説的な手段が関係しているということである。私は、あえて一つの「批判的な」解釈を試みる。第二種と第三種とが同一であり、一緒になって第一種と対立する限りにおいて、スピノザがめざしているのは、真なる観念または認識を、一切の表象像《イマージュ》から根本的に分離することであり、したがって、もろもろの表象像との関係で構成され、事物の表象像を観念そのものにしてしまう――これが表象力《イマジナシオン》の一般的概念である――一切の意味作用から根本的に分離することである。第三種が第二種と対立する限りにおいて、スピノザがめざしているのは、ご承知のように、特異な事物または特異な本質の特異性に改めてたどり着くことである。真なる観念という概念が十全なる観念という概念において乗り越えられるというところに、それが含意されている。したがってスピノザがめざしているのは、真なる観念（または、十全である限りで真である観念）を、一般性をもった一切の概念から分離することである。これによってわかるのは、真なる観念は、一般性から特異性へと移行するのでない限り、つまり結局のところ、再現前化《ルプレザンタシオン》／表象と分類との論理と完全に縁を切るのでない限り、不安定なものだということである。けれども、連続するこれら二つの様相――すなわち、表象像との断絶、一般性との断絶――は、同じ結果をもたらす。すなわち、これら二つの様相によって、観念を活動として、すなわちある因果関係――つまり、もろもろの原因と結果との連鎖またはネットワーク――における一つの契機、もっと正確に言えば一つの「結び目」として考えることができるようになるのである。これによって、十全性という概念が、もろもろの観念の真理性と、特異なもろもろの本質または事物の因果性とを同時に含意することの理由を理解することができるようになる。すなわち、十全なるもろもろの観念は、特異な事物――何であってもかまわない――が結果を産出し、そして他の特異な事物によって結果を産出するよう規定されるのとちょうど同じ仕方で、互いの原因となるのである。したがって十全なるもろもろの観念はそれぞれ決して孤立することなく、つねに、さまざまな伝達からなる一つのネットワークにおける結果であり原因なのである。

　このことから、ここで第三のテーマを導入しうる可能性が出てくる。すでに見たように、ホッブズにおいては、伝達に関するある種の倫理学と政治学とのおかげで、名称形成《デノミナシオン》における再現前化《ルプレザンタティフ》／表象の様相だけを、科学的用法と感情との分離によって取り出すことができる。スピノザにはこのテーゼとは正反対の立場、いわば真理の可能性の条件としてのある種の感情理論が見て取れると主張するのは、正確とは言えないであろう。けれども……、次のことは確かである。すなわち、もろもろの観念が、再現前化《ルプレザンタティフ》／表象的ではない活動的または因果的な性格をもつというテーゼには、認識と感情とを、または今日の言い方で言うと認知的機能と情緒的ないし感情的機能とをア・プリオリに区別することに対する拒否が、相関物として伴っているのである。ある観念が同時に、一つの感情でないということ、あるいはある感情が一つの観念でないということは、スピノザにとってはありえないことである。その結果として、十全な観念を産出することは、感情を除去することではなくて、感情を変容させることである。例えば喜びのように、第三種の認識と関係するような活動的感情の観念が数々の困難な問題を引き起こすことは承知したうえで、なおこう言いたい。

　結局のところ、ホッブズの法的な問題系に対して、スピノザは全面的に因果的な問題系を対置する。因果的とは、ある種の内在的因果性の意味である。すなわち、もろもろの事物と名称との外的関係、またはもろもろの対象とその表象《ルプレザンタシオン》との外的関係という意味ではなく、もろもろの観念の現存様態――これらの観念の、感情または情念との一体性を含む――の内的変容プロセスという意味で、因果的なのである。

＊

ここで問題になっているのは、もろもろの主観的な選好を断ち切るのかそれとも表出するのか、ということではない。けれども一言示唆するなら、この二者択一は、近代哲学の構成（したがって、近代科学および近代政治学の構成）とともに出現した、たぶんわれわれがまだ抜け出せずにいるさまざまな大きなジレンマと重なるものである。

真理の制定と真理の構成とは、真理の世俗化の二つの形態である。この意味でそれらは、啓示の観念と結びついた、真理の古い神学的名前の堕落の二つの様式である。ところが、ある根本的な相違によって両者は分かたれている。スピノザ的な内在主義においては、それぞれの真なる観念――もっと正確に言うと、「偽なるものの規範」、すなわち表象力によって生み出された誤謬に対する批判でもある限りでの、それぞれの真なる観念――は、それぞれの仕方において「真なるものの名前」である。ただしこの場合には、「名前」という語を、記述としてではなく自己指示的な表示として理解せねばならない。すなわち、それぞれの真なる観念が表示するのは、その観念自体が実は現にそうであるところの特異な真理性（誤謬批判または誤謬破壊）である。そして、真なるもののすべての名前、つまり真なるすべての観念、つまり真なるものになる限りでのすべての観念は、厳密に等価的であり、そのうえ、『エチカ』における諸命題のように、ある無限のネットワークのなかで相互に次々と結ばれていくのである。そのような観念のどれも、他の観念よりも実体からほど遠いわけではないし、また実体により近いわけでもない。これを称して私は、真理に関する一種のデモクラシー主義と呼びたいと思っている。たぶんこれは、単に隠喩的なだけではない表現である。これとは対照的に、次のように認めざるをえない。すなわち、ホッブズには、神学による真理の保証や、さまざまな本質のヒエラルキーこそないものの、真理の一つの特権的な名前、つまり私が前のところで、一種の超越論的真理と呼んだものがあるのだ、と。この特権的な名前とは、意味作用、あるいは固有の意味、あるいは名目定義である。事実上は意味の等しいこれらの用語は、真なるものが可能であるための諸条件を前もって画定する作用を含意している。このような作用は、言語コードと法的コードの両面において同時に、ある種のメタ言語の機能として、またある種の国家的コントロールの機能として読み取ることができる。ホッブズは、名称形成のさまざまな次元を（名称形成の名称形成という次元にいたるまで）階層化することによってこのメタ言語を大まかに描いてみせ、それによって、無意味にはならないようにしようとする。そしてホッブズは、学問の教育的機能を通じて、つまり少なくとも間接的な仕方によって、この国家的コントロールに対して哲学がなしうるさまざまな奉仕の仕方を提案しているのである。

この二つの立場に対応するのが、二つの「唯名論」である。この両者は、本質主義批判、つまり個別的実体の概念の批判という出発点だけは共有している。けれども実際には、一方の唯名論、つまりホッブズの唯名論は、できる限り単純な諸要素を基に表象を分析すること、つまり分解と再構成が科学の図式であるとみなすことによって、科学を、（類的なものとまでは言わないが）一般的なものの認識と同一視することを認める。これに対してもう一方の唯名論、つまりスピノザの唯名論とは、特異性の唯名論である。すなわちそれは、一般性の観念がまず追い払われ、それに代わって複合性の観念や相互因果性の観念が前面に出るような唯名論である。結局のところ、ここでわれわれは、真なるものの効能に関する二つの対立する考え方、したがって二つのまったく相容れない「真理の政治学」をもつことになる。すなわち一方の考え方は、認識の契機と、認識の適用の契機とを切り離す（なぜならホッブズにおいては、定理を法にするためには、つねに権威が必要となるからである）。これに対してもう一方の考え方は、真なるものの効能、または真理の効果を、認識の産出そのもののなかに組み込もうとする。というのも、スピノザにとっての認識とは、魂——個人としての魂であってもよいし、集団としての魂であってもよい——を、魂の活動能力を増大させる方向へと変容させることであるからだ。たぶんそれほどむずかしいことではないだろうが、今度はこの考え方の対立を、われわれに差し出されている次のような選択問題と結びつけてみる必要があるだろう。すなわちそれは、「死すべき神」（幾多の点から見て、それはなおも一種の神である）と「自然たる神」（数多くの点から見て、それはもはや神の一つではない）との選択の問題である。

第二章　真理の場所／真理の名前(1)

「真理はある（*est Veritas*）」（チャーベリーのハーバート）〔1〕

イデオロギーは真理の場所である。「イデオロギーとは何か」という問いに対する唯一可能な回答は、次のようなものであることを理解しよう。すなわちイデオロギーとは、真理が自ら自分を顕現させるやいなや、真理が構成する場所である、と。したがって、なさねばならないのは、ある既存の空間において真理の位置を突きとめることよりもむしろ、真理が現前することから展開されていく光景を描くことである。

真理の位置を突きとめることが、弁証法的操作であることは明らかである。さまざまな二律背反が直ちに現われてくる。もっとも、もしわれわれが次のことを認めるならば、それは何ら驚くべきことではない。すなわち、位置（place）の表象が指し示しているのは、全体性と特異性、内在性と超越性という、それ自体は真理の哲学的概念から派生する対立項であるということを認めるならば、である。真理は自らの場所（lieu）のいたるところにありながら、同時にそこである特定の位置を占めていると表象することもまた困難であるし、真理は自らの場所の内側にありながら、同時にその外側にあると表象することもまた困難である。けれども、真理が現にある以上、一つの場所が構成されていると言うことは可能である。また、次のように言うことさえ可能である。すなわち、一つの場所が構成されるのは、真理が現前することによってのみである、と。一つの場所とはつまり、共通の特性において考えることのできるような、またほかの地点や混沌状態との違いを識別させる最小限の規定において考えることができるような、もろもろの区域や位置のことである。

この場所がイデオロギーであるということ、これは、プラトン哲学が最初から認めていたことである――そしてわれわれが、イデオロギーをめぐるさまざまな議論において、今日もなおプラトン的な制約の下にあるのは、この言明行為《エノンシアシオン》のせいである。イデオロギーの概念は、プラトニズムの反復（すなわち、ロゴスの主導する領域《エレマン》におけるもろもろの観念／イデア（idées）の現前を真理と同一視すること）と、プラトニズムの転倒（すなわち、この領域とは影たちの劇場でしかなく、真理は、自分を観念／イデア《イデー》ないしはさまざまな観念／イデアの体系として現前させることによって、自分を破壊するという主張）とのあいだを揺れ動くことにならざるをえない。もろもろの「観念／イデア」に存在ないしは真理の外観を与えるだけのある種の言説による神秘化の作用を指し示す目的で、イデオロギーという用語を論争的なかたちで用いること（これを、イデオロギーに関するボナパルト主義的考え方と呼ぶことができるであろう。というのもナポレオンは、このような仕方で「イデオローグたち」の主張を覆した最初の人だと言われているからだ）、これが、さまざまな観念／イデアからなる世界やその自律性、またはその自己＝基礎づけに関するある種のプラトン主義的記述を前提にしているのは疑いのないことである。そしてマルクスが、この用語を使う場合にときとして、この論争を彼なりの仕方で繰り返しているという事実——ただしその結果彼は、プラトニズムに対する最初の「現実主義的」批判（すなわち、プラトンは、さまざまな観念／イデアの名の下で、現実の世界では質料と分離しえないものを分離してしまったと非難する、アリストテレスによる批判）に回帰している——は、今述べたことを確認するものでしかない。

イデオロギーが、近代哲学そのものと一体をなしているところの言葉遊びを使って言えば、topos eidôn という肯定的な意味であろうと、topos eidôlôn という否定的な意味であろうと（つまり、もろもろの観念／イデアの場所であろうと、もろもろの偶像の場所であろうと）、それは、必然的に意味の舞台を指し示している。そしてわれわれとしては、何よりもまず、この最初の動揺に立ち戻らないではいられない。別の言葉で言えば、われわれとしては、イデオロギー＝真理の場所という等式をまずはそれ自体として掲げてみるのでないと、それに肯定的価値を付与するこども否定的価値を付与することもできない。こう言ってよければ、それは、真理が顕現する運動に関する一種の「現象学」の最初の契機である。この運動のなかで真理は自分を承認させる。ただし、自分の名前から出発して承認させるのであって、意識の志向する対象から出発して自分を承認させるわけではない。

言説の「場所」と、「名前」の優位

そうすると、真理から出発して、真理自身の顕現の空間として自分を構成するこの場所とは、言説のことであろうか。それは、言説の行なわれるある種の場所のことであろうか。そう考えてよい。これはつまり、言説的性格、つまりもろもろの言明《エノンセ》の連鎖、もっと正確に言えばもろもろの文の連鎖を、次のような一つの「空間」を構成するものとして描き出す隠喩を「まじめに受け取って」よいということである。その「空間」においては、それぞれの言明がしかるべき位置を占めており、さらにはそれぞれの事物、事実、あるいは出来事が、一つの言明の位置によって正確に再現前化《ルプレザンテ》／表現される（測定される）しかるべき位置を占めている。例えば、ヴィトゲンシュタインが『論理哲学論考』において、真理の空間とある種の言説的（「論理的／ロゴス的(logique)」）空間とをこのように同一視してよいもろもろの条件（極度に狭められた条件）を探究することによって行なっているのは、まさしくこれである。この特権的事例からよくわかるのは、真理についても、極度に逆説的な、少なくともそのすべての用法と照らし合わせてみれば極度に逆説的な一つの概念を与える必要があるということである（ヴィトゲンシュタインは後に、ある特定の言語ゲームを、言語ゲームとしては否認しながらも特権化せねばならないと言う。これは次のような事実を意味すると見ることができる。すなわち、その言語ゲームを制定し、その諸規則に意味を与える生の形式は、思考不可能なもの、「神秘的なもの」になるという事実である）。

　ところが、真理の場所と、言説の行なわれるある種の場所とを端的に同一視することによって得られる真理の概念は、次の点で注目に値する。すなわち、この真理の概念は、無限に多様なさまざまな言明に向かって真理を振りまき、これらの言明はそれぞれみな、「真なるもの」を表わす資格をもつようになるのである。したがってそれは、私が後に真理に関するデモクラシー的な考え方と呼ぶものの一つの独自の形態（または基礎になりうる可能性のあるもの）である。

　この数行の議論のあいだに、われわれが極端から極端へと急激に揺れ動いたのは間違いない。プラトンのイデオロギーにおいては、ある原理の要求は構成的に作用し、この無条件的な（「仮言的でない」）原理はすぐれて真なるものである――もっともこの原理は、後に述べるいくつかの理由から、真なるものと名づけるだけでは済ますことのできないものであるかもしれない、つまり結局は真なるもの以外のなにものでもありえないといったものかもしれないが。またプラトニズムの転倒によって、真なるものの現われがイデオロギーに指定される場合にも、この要求は維持される。すなわち、次のように考えることさえできるのである——「原理」の批判、つまり「原理」がすべての本質との関係で果たす階層化機能に対する批判、あるいはこのような「原理」が知の領域において表現する権力的審級に対する批判から出発するからこそ、このイデオロギーの転倒は始まるのだ、と。これとは逆にヴィトゲンシュタインの論理空間においては、いかなる階層もなければいかなる原理もない。すなわち、「真なるもの」であるすべての言明（このような言明は無限にある）は完全に平等であり、相互に独立的であると同時に、自分が真理であるための諸条件を、自分が構成される過程に反映させているのである。ところで、この論理空間もまた、これはこれで一種のイデオロギー記述である。すなわちそれは、次のような前提から出発して、真理の場所としてのイデオロギーの世界の閉じを顕わにするための一つの並はずれた試みでさえある。この前提によれば、イデオロギーの世界を構成する「自由」かつ「平等」なさまざまな要素は、すべて同質であり（「命題の一般形式」を共通にもつ）、かつ絶対的に一義的である（そのたびごとに特異なもろもろの出来事または状態——これらが散乱した状態が「世界」を構成する——の「像」である）。われわれとしては次のように自問してみる必要があるだろう。まずは、このようなかたちのものしかありえないのか（哲学の歴史上、真理に関するデモクラシー主義で、これとは異なるかたちのものがあるのか）。次に、われわれに明らかになったばかりの変動（真理の場所を階層的に組織することから、平等に組織することへの変動）は、避けて通ることのできない二者択一的状況なのだろうか、その変動はどのようなかたちで構成されているのだろうか、と。

このとき、われわれは真理の場所を言説の領域と同一視するのをやめてよいだろうと思われるし、またわれわれはまず次のことから始めるべきであったとさえ思われる。すなわち、この場所を何らかの言説空間に帰着させることは、少なくともそこで言われている言説が、もろもろの言明の連鎖またはもろもろの文の配列である限りは、不可能であると想定することから始めるべきであった、と。私が思うに、ヴィトゲンシュタインの過激主義的な試みが最後には認めているのは、これなのである。なぜなら彼の試みは、言明可能なものの限界を提示することをめざしながら、その一方でこの限界そのものは言明しえないと主張するからである。言明可能なものの限界は、自分を「見させる」ことしかできない。『論理哲学論考』の構想の下で自分を「見させる」ものは実際には二つある。すなわち論理空間そのもの（真理の場所）と、この空間の限界づけである。したがって、（自分を言明することなく）自分を「見させる」ものとは、論理空間とその外部との、あるいは言明可能なものと言明不可能なものとの、あるいは真理の場所と非＝場所との内的差異である。この内的差異とは、およそ哲学的伝統の下では実は真理への問いに属するもの——すなわち真理への問いが、真理が言説と同一であることと、真理が言説のさまざまな要素

（「記号」、「文」、または「言明」）に還元できないこととを同時に維持していかねばならないということ――の、ヴィトゲンシュタイン的構想のなかに残った痕跡のようなものである。この限界＝点において、『論理哲学論考』の読者のもとにまたもや次のような伝統的な哲学的問いが押し寄せるとしても、驚くにはあたらない。すなわち、主体への問いと対象への問い、つまりもろもろの命題が構成するもろもろの思想を誰が考えるのか、という問い、そしてもろもろの命題のなかで提示されるさまざまな対象が形成される出発点となる「出来事」は、「それ自体として」現実存するのかしないのかという問い、がそれである。

　実際には真理の場所は、哲学がこれまでに構成してきたものを見る限りでは、同質的な言説性の構造ではなく、世界としての構造をもつ。この場合の世界とはつまり、さまざまな言語的存在と非言語的存在とが同時に現われねばならないような世界である。非言語的存在とはつまり、言語表現によって指示されるけれどもそれには還元されないもろもろの対象であるかもしれないし、言語的存在を発する、つまり産出するもろもろの主体であるかもしれないし、その両者であるかもしれない。なにがしかの真理があるのは言語表現のうちにであり、かつ言語表現によってであるとすると、それは、存在が言語表現との関係で多義性をもつからである。すなわち、言語表現の存在とは、言語表現が語るもろもろの対象と照合されたり、あるいは言語表現を語るもろもろの主体と照合されるような非存在、つまり「声の風（*flatus vocis*）」であるからである。このように考えると、真理自身の場所において発せられる真理への問いがなしうるのは、自分の位置を移しながら起源、つまり今述べたもろもろの区別の意味の方へと向かうことだけである。つまり、一般的には、言語表現（または「語」）としての存在と、「物」――つまり言語表現とは他なるもの――としての存在との差異に関する反省へと向かうことだけである。

けれども、今言ったこととは逆に、真理の言説的性格を除去することは絶対に不可能である。より正確に言えば、真理の言説的性格は、次のような二律背反的命令の形式においてのみ除去することができる。すなわちその命令は、ある言説のまさしくそのなかにおいて、ある一定の言説的戦略の力によって、次のように命じるのである――思考や対話や行為によって、言語表現における仮定上のさまざまな限界へと赴き、そこから「外へ出（sortir）」よ、と。けれどもこの外へ出るための地点は、絶えず繰り返し名づけられねばならないであろう。もしわれわれが、真理の実現のためのすべての哲学的戦略に対して、横柄でもあるようなある観点をとることを受け入れるとすると、まさしくこの名前の効力のなかにのみ、言語表現の純然たる言説性から外へ出ることを真理の契機として提示しうる可能性がつねに存するであろう。その契機が、「直観」、「観想」、「実験」、「実践」等々、どう呼ばれようと、それは問題ではない。

ここでわれわれには、次のような疑問が浮かぶ――実際には、これとは逆の順序で事が運ぶのではないだろうか、と。哲学的なさまざまな戦略は、多かれ少なかれ蛇行した軌道を描きながら、次のことを「発見する」にいたる。すなわち、真理と名づけられたもの、または——これと相関関係にあるところの——真理が名づけているものは、言説が完成する地点として提示しうるものではあるが、ただしこの地点とは、言説が、自分の他者（現実的なもの、直観、感覚）と合流するために自分自身から「外へ出る」ことによって自分を無効にする一方で、自分がそこから「外へ出る」当のもの（語る主体。あるいは、一つの「宇宙」を形成する言説が存在する基になるような、それでいて全体でもなければ「世界」でもないような対象）に立ち戻るような地点でもあるのだ、ということを。

　したがって真理への問いは、何よりもまず、真理の名前への問いや、名前としての真理への問いへと仕立て直さねばならない。この場合に問われるのは、なぜ真理は名づけられるのか、ではない。というのも、われわれが真理について語るまさにそのときに、すでに真理は名づけられているということが、一つの事実としてあるからである。そうではなくて、問われるべきなのは、真理はどのようにして名づけられるのか、真理の名称はどのような働きをするのか、である。これは完全にプラグマティックな問いであるが、われわれはこの問いによって、真理について、したがってイデオロギーについて、何事かを学べると期待してよい。たとえその問いによって、ある二律背反を知ることになるとしても、である。

自己言及

哲学的言説における最も無視できない明証性の一つに、真理の自己言及的性格がある。経験主義哲学であれ独断論哲学であれ、相対主義哲学であれ本質主義的哲学であれ、また唯物論的哲学であれ観念論的哲学であれ、この点に合意しないような哲学を私は知らない。真理の自己言及的性格に対するこの承認が、何らかの直接的確認から生じようとも、あるいは長い論証の末に生じようとも、それは問題ではない。あるいは、この承認から引き出される結論がどのようなものであろうと、それも問題ではない。ハイデガーの真理の「定義」(というのも、それは少なくとも形式の面で見れば、真理の定義の一つであるからだ)、つまり真理を存在の開け——覆い隠すと同時に露わにするような、したがって二律背反的な開け——とするハイデガーの真理の「定義」(これとの関連で指摘しておいてよいのは、アルチュセールが、「定義」の名目で、再認と誤認、あるいは暗示《アリュジオン》／錯覚《イリュジオン》という用語を用いてイデオロギーの境界画定を行なっているということである)は、この規則に対する例外となるであろうか。私にはそうは思われない。というのも、真理の名の下で考えることができるのは真理の他者をおいてほかにはない、ということを示すということは、無際限に自分自身との差異をつくり出していくような本質(「自由」と呼ぶこともできる)が固有のものとして真理に備わっているとみなす一つの方法にほかならないからである。そして、真理の名前(または数々の名前のうちの一つ)だけがこのテーゼを言明しうるのである

（これと同様に、真理を定義しうる可能性を問い直そうとすれば、次のような形式をとらざるをえなくなる。すなわち、真理の本質とは「非＝本質」である、つまり、真理は本質としてのさまざまな論理的性格を何一つもっていない、と）。

もっと一般的に言うと、およそ新しい「定義」は何よりもまず、哲学の歴史において、デカルトが言うところの「超越論的明晰性」[2]を回復する一つの手段をなすように思われる。「超越論的明晰性」を回復するとはつまり、さまざまな語によって注釈されることであいまいにされていた一つの自己言及作用を蘇らせることである。あるいは、人を錯覚させるような次のようなメタ言語の使用をやめることである。すなわち、真理の名前を理解し用いるためには、それをまだ前提にしていない一連の先行的操作を経なければならない、という想定に立ったメタ言語である。われわれは次のような仮説を立てることができる。すなわち、この全員一致の合意（おそらくこの合意を越えたところで、かつ不可避的に、すべての哲学は違いを帯びるのである。つまり言い換えると、すべての哲学は、この合意をまさしく理由にして、違いを帯びるのである）は、まさしく何か拒否しえないものを示しているのではないだろうか。すなわち、ある種の本質とは言わないものの、少なくともある種の現存様式、または現前様式を示しているのではないだろうか。もっと正確に言うと、名前をもってする真理の提示様式を示しているのではないだろうか。スピノザのある表現（一部を削除して用いる）が、この自明の理を、つまりすべての哲学者が自らの責任で取り上げ直すことができるであろうようなこの自明の理を言明する。すなわち、「真理とは自分自身の標識である（*verum index sui*）」。私は、ここではこの表現を文字どおりに理解してみたいと思う。すなわち、真理は、それ自体としては、自分自身とは別の標識をもつことはない、と。けれども今言ったことは、いくつかの事柄を意味する。

まず第一に、真理の名前なしで済ませることはできない。証言者はタルスキーである。一九四四年の論文（「真理の意味論的な考え方と意味論の基礎[3]」）において彼は、形式化された論理言語における「真」という述語に対して彼が与えた構成的定義について、その定義は「真理の本質」を捉えていないとして反対した哲学者たちの思い上がりをあざ笑う。本質という語がまさしく意味しうるものをこれまで一度も理解したことがないと明言しながら（これは次のような意味でもある。すなわち、真なるものは本質の次元に属するという観念、つまり「本質」とは真理のさまざまな名前の一つであるという観念を、ハイデガーが持ち出す理由とは正反対の理由によってア・プリオリに斥けながら）、タルスキーは次のように認める。すなわち、「真（vrai）」（«true»）という語は、その論理的用法について、論理学世界学会による全員一致の決定が行なわれさえすれば、それとは異なる任意の語、例えば «frai»（«grue»）によって完全に置き換えることができるであろう、と。けれどもタルスキー自身はそのような提案はしない。それは次のような正当な理由からである。すなわち、彼がなそうとするのは、ある所与の言語表現において、一つの言明を肯定することが可能になるための諸条件を明確にすることである——これが、少なくともアリストテレスにまでさかのぼる一つの伝統に連なることは明らかである——からである。ところでこの伝統の下では、肯定と否定という操作の意味そのものが、真なるものと偽なるものという二者択一を指し示しており、したがって真理の名前を理解する一定の仕方、もっと正確に言えば真理の名前を用いる一定の仕方を指し示している。「真」という語を変更したならば、「肯定する」という語も変更する必要があるだろうし、次には「命題」（または「判断」）という語を変更しなければならなくなる、というように無限に続いていくことになるだろう。したがって、真理の名前なしで済ませようという提案とは要するに、言語表現のすべての意味作用を配置転換しよう、または補充しよう……ただしその場合にも、言語表現なるものの領分（世界学会による全員一致の取り決め）にはとどまろう、という提案だということになるであろう。これは、ある絶対的意味において理解されたメタ言語の観念に内在する二律背反を確認するための、さまざまなやり方のうちの一つである。けれどもこれはまた、皮肉なことに、次のことを認める一つのやり方でもある。すなわち、「本質」がまさしく意味しうるものを知らなければ、「本質」とほとんど異なるところのないある概念、まさしく「メタ言語」一般の概念（または、ある言語＝対象とあるメタ言語との差異の概念）が今度は必要になる、ということである。そしてこの「メタ言語」一般は、規定された論理的諸条件に服することなく、かえってこれらの諸条件に関する言明を指揮する限りで、真理の別名を表現している可能性が十分にあるのだ。コーランにいわく、神としてあるのは神以外にはないのと同様に、真なるものとしてあるのは真なるもの以外にはない。

先に述べたことの第二の意味は次のとおりである。すなわち、真理の名前に付加することによって、真理を指し示すのに役立たせることのできるようなものは何もない。ただし、真理を説明するための言説、真理を適用するための言説、真理を承認させるための言説、真理のためのさまざまな条件を確定せんとする言説等々は別である。すなわちこれらの言説は、真理の概念を展開したものであって、この展開の仕方が当を得たものであるかどうか、十全なものであるかどうかは、真理の概念を真理の概念にする（ある任意の本質または意味作用の概念ではなく、真理の概念にする）一連のもろもろの言明において真理の名前が反復されることによって、つねに確認される。われわれにできることといえば、必要とあらばこの状況を完全に逆転させること、そしてすべての言説を成り立たしめているのは真なるもののさまざまな名前にほかならないと、つまり真理とは、さまざまな言説における、真に名前であるところのすべての名前を示す一般的表現であると認めること、だけである。この大胆かつパラドクスを含んだ考え方は、何人かの哲学者に見て取れる。われわれがすでに見たように、私が前に引用した『論理哲学論考』におけるヴィトゲンシュタインにおいて、この考え方はくっきりとした輪郭を与えられている。けれども別の例を挙げることもできるであろう。まず最初に、真理値を、すべての命題において同一である言及作用または指示作用として考えようとするフレーゲの驚くべき決断（『意義と意味について』[4]）。そしてとりわけさかのぼる必要があると思われるのは、スピノザのような哲学者である。すなわち、スピノザが真理の自己言及的性格について与える説明が、欠けるところのない公式のかたちで表現されたものをとってみると（「真理は真理自身と虚偽との規範である（*veritas norma sui et falsi*）」[5]）、その説明は、次の事実の直接的帰結としてなされているのである。すなわち、さまざまな名前、つまりそれ自体として真なるものであるすべての観念（ご承知のように、スピノザにとって、自らの実在性または「実定性《ポジティヴィテ》」によって存在するものを示す一切の観念は、それ自体において真である）の果てしない結合、つまり始まりも終わりもなく、したがって階層もない結合以外に、「真理の場所」はないという事実である。この逆転された説明が、真理の言説における支配的伝統との関係で、それに取って代わるいかなる批判的な考え方を切り開くのかをわれわれは後で自問してみる必要がある。しかし、今のところはこの説明によって、真理は自分自身を指し示すという事実、そして真理は自分を反復することによってのみ自分を明示しうるという事実がいささかも変更されるわけではない。否、変更されないどころではない。私はこの事実を次のように言い表わす。すなわち、真理とは、自分自身の名前であるという点で、まったく特異なシニフィアンである、と。もっと正確に言えば、真理とは、自分自身の名前であるものの名前である、ということになる。したがって真理とは結局のところ、何かを「意味する」のではなく、自分を示すまたは見せる名前なのである。

自己指示、匿名、差異

このような定式の仕方を採用することによって私が提起しようと考えている問いは、「一般に固有名とは何か」という問いではなく、むしろ次のような問いである。すなわち、ある固有名について、それは自分自身を指し示すと語っても、不条理に陥らずに済むだろうか。この問いは、古代以来、真理への問いを懐疑主義から論理学へと送り返したかと思うと今度は論理学から懐疑主義へと送り返すさまざまな意味論的「パラドクス」のことを想起させる。これは何ら驚くべきことではない。というのもこれらのパラドクスとは、自己言及のパラドクスであるからだ（むしろ次のように言いたくなる。すなわち、これらのパラドクスは、自己言及がパラドクスを含むと考える人にとってパラドクスなのだ、と）。けれども今のところわれわれとしては、真理の名前が現われる言説の一貫性または一貫性のなさに関する諸問題は扱わない。われわれが扱うのは、真理の名前の特異性をなすものは何か、ということだけである。

同様に、自分自身を名づけるものとして真理を考えることの可能性が「主体」の観念を含むのかどうかという問いもまた、私は棚上げにする。真理が自分自身の名前を言明し、かつその真理の名前がその真理自身のものであるというかたちで、定義によらない分身形成法によって（例えば、ニーチェが皮肉を込めて言及するところの、「私ことプラトン、この私が真理である」[6]という活喩法によって、あるいはラカンがもっとずっと両面的な仕方で、自分にその使用を認めたところの活喩法、すなわち「私こと真理、この私が語る」[7]という活喩法によって）真理を擬人化することは、自己言及の作用を明示する一つのやり方である。ここから、「私は存在するところのものである」と発言する神をモデルにして、一つの結論、つまりわれわれがここで扱っているのは主体であるという結論を下してしまう前に、次のように自問してみる必要があるだろう。すなわち、自己言及におけるこのような分身形成のなかに形式として含まれている自己反省性は、主体というカテゴリーによってしか考えることのできないものなのであろうか。また、この分身形成において、開示されているものとは、ある種の自己指示性（autonymie）とある種の匿名性（anonymie）とが、根本のところでは端的に等価であること、ではないだろうか（というのも、「私」とは誰のことであってもよいからだ。「我あり」とはどの現実存在のことであってもよいし、「我思う」とはどの思考のことであってもよいのと同じことである）。したがって、自分自身にとって自分自身の名前であるところのものは、名前のないもの、名づけることのできないものとして現われる可能性もある。ご承知のように、この可能性を切り開いたのが、神秘主義的伝統なのである。

最後に、次のように自問してみることがどうしても必要であろう。すなわち、さまざまな言説や言語ばかりではなく、さまざまな「イデオロギー的形成体」もまた現実に存在するのではないだろうか、と。「イデオロギー的形成体」とはつまり、歴史や制度によって、言説発生の諸規則によって、あるいはもろもろの言明の対象によって自律的になった言説的宇宙のことである。そして、このような言説的宇宙のなかに真理の名前や真なるものの名前が現われることはないと考えられている。このようなイデオロギー的形成体が現実に存在することはないと私は思う。私としては、次のように循環的に考えたい。すなわち、さまざまなイデオロギー的形成体（宗教、法、道徳、政治、科学、経済、芸術等々、いずれの分野に属するものであってもかまわない）が自律的になり、個別化されるのは、これらの形成体が真理の名前を包囲する仕方、すなわち規定関係と等価関係とによって真理の名前を、それとは別のさまざまなものへと結びつけていく仕方にこそよるのだ、と。これをデリダの用語法を使って言えば、次のようになるであろう。すなわち、イデオロギー的形成体が真理の名前を差延する仕方、つまりさまざまな「回り道」――これによって、それだけの数の「代理」が介在することになる――を使って、真理の名前を差異化または分裂させると同時に、それが舞台へ登場するのを遅らせる仕方、と。

今挙げたすべての問いは、きわめて単純な、けれども人を悩ませ続ける一つのパラドクスへと差し向ける。そして今度は、このパラドクスそのものを展開せねばならない。真理とは自分自身の（固有の）名前である。そしてこの意味において、真理とは完全に自足的であるはずであろうし、自分の名前の現前によって言い尽くされてしまうはずであろう（というのも、真理の名前を取り除くこともできなければ、真理の名前に何ものであれつけ加えることもできないからである）。ところが、真理には複数の別名が――補足的なものであれ余計なものであれ――つねに存在する。しかもその数はとても多い（私が少し前に言及した、あらゆる固有名が真理の名前であるようなデモクラシー的解決方法におけるように、無数とまでは言わないが）。これが意味するのは、真理の自己指示性を文字どおりのかたちで維持することはできないということである。まるで真理が、自分自身にのみ言及することによって、「何も」言及しない、つまり「何の意味にも」言及しない（思考対象ないしは経験的対象に言及しないばかりか、この名前とかかわり合う者――誰であってもよい――に対する意味的効果にも言及しない）かのようである。ただしそれは、真理が、自分自身と、自分とは別の名前――別とはいっても、この名前がつねになすことといえば、真理と「同一の事物」を名指すことだけである――へと、矛盾を含んだかたちで自分を分化させるのでないとしたら、の話である。そしてこの別名自体もまた、唯一無二のものではありえないであろう。真理の、名前としての統一性は、二つまたはそれ以上のものへの分裂のプロセス、または無限の隠喩化のプロセスへと即座に組み込まれてしまうのである[8]。

　まず第一に次のような事実がある。すなわち、真理の名前は直ちに、名詞と形容詞（真理（la vérité）と真なるもの（le vrai））とのあいだを、また単数形と複数形（真理（la vérité）ともろもろの真理（les vérités）とのあいだを揺れ動く。もちろん両者は同一の事物である。にもかかわらず両者は二つの異なる事物である。そしてこのことを示すために、本質主義と唯名論とをめぐる論争を以下で反復してみよう。この論争の開始にあたっては、単に次のような制約があるだけである――すなわち、唯一無二の名前は、主語と述語とに自己を差異化させねばならない。そして、真なるものは述語ではないと主張する哲学でさえ、次のような言語上の明証性をこじつけて解釈したうえでないと、そのような主張はなしえないのである。この言語上の明証性とはつまり、真理が自らを顕現させるのは、何ものかが「真である」または「真なるものである」という言明においてであるということ、あるいはこれを逆にして、真なるものについて、それが真であると語ることは真理を語ることであるということ、である。したがって、もろもろの可能な述語の領野から真なるものを排除するためには、真理なるものを述定作用そのものと同一視する諸規則を使って述語とは何であるかを定義することによって、この領野を形式面から限定してしまう必要がある（これはまさしく、カントが、述語の領野から現実存在を排除したのと同じやり方である。この排除をなすためにカントは、彼が「綜合的」と呼ぶ実効的判断を、可能的現実存在の定立と等しいものとみなす――まさしくこれによって、可能的現実存在は、真理の哲学的名前になっている）。

否定の消去

けれども、これとは別のもっと興味深い分裂がある。スピノザの次の定式が、ここでもまた導きの糸としてわれわれの役に立つかもしれない。すなわち、「真理は真理自身と虚偽との標識である（*verum index sui et falsi*）」。よく知られているように、真理の名前が活用されるのは、対立の関係（もっと正確に言うと、「二項」対立の関係）においてのみである。したがって真理は最初から判断、つまり基準と固く結ばれている。「真理」が単に自己＝指示的な（auto-nyme）固有名としてのみ提示されているあいだは、この固有名は識＝別的（dia-critique）効力をもたなかった。したがって、この固有名の現存在が、直接的に与えられたものとして充実していることは、意味の絶対的な空白に対応していた。真理が意味によって満たされ始めるためには、真理は判断、つまり肯定と否定とをなすために活用されねばならない。したがって真理の名前は、二つの事柄を同時に意味し始める。すなわち、まず第一に、自分自身にほかならない、まったくありのままの真理。そして第二に、自分自身と自分の反対物との差異である真理。まさしくこの対立関係によってのみ、真理の名前は、何も意味しないまったくのシニフィアンの状態から、意味を獲得し始めるのである。

ここで問題にしたいのは、操作としての否定ではなく、この否定の多義性、つまり切り縮めることのできない複数性である。否定が、規定された一つの操作になるのは、この多義性をかっこに入れるか、または抑圧するという条件においてのみである。つまり、「非真理」のさまざまな意味のうちの一つを選び取って真なるものと対立させるという条件においてのみである（したがって、矛盾律を矛盾律として言明することができるのは、ある次元の言明を、言明作用の可能なすべての次元から、そのうちの一つの次元を除いて切り離すという条件においてのみである。除かれた一つの次元とはつまり、およそ言明とは存在を語るものであり、もろもろの事物に対してその自然的属性を、そして場合によっては人為的属性を帰属させるものであるとする次元である）。事実、非真理は複数の意味で理解されている。すなわち、偽という意味がある一方で、誤謬、忘却、さらには不実や嘘偽りという意味もある。虚構という意味もあれば、人をあざむくもの、または見かけという意味もある。そして、これら真なるものの対立物のそれぞれが、他の対立物には還元しえないものをもっている。それも、言語学的に見てそうだというだけではない。これらの対立物のそれぞれは、真理として一つの意味を選ぶよう余儀なくさせるという意味においてもまた、他の対立物には還元しえないものをもっているのである。たぶん人は次のように言うであろう。すなわち、これらの対立物のそれぞれはまた、自分自身の反対物をもつ。すなわち、真理、真実性、真正性、妥当性、適合性、現実性、実効性、等々、これらは同一のものではない、と。けれども、私が言わんとしているのはまさしく次のことなのである。すなわち、否定が明らかにすること、それは、真理とは、矛盾した仕方において、一つにして多数であるということである。これは、真なるものがさまざまな個別的ケースや言明や対象に、一般的に言うと同じ種類のさまざまな存在者に配分されるという意味ではなく、真なるものが複数の使用領域、つまり――この用語法を使ってよければ――相容れない規則をもった複数の「言語ゲーム」のあいだで分割されているという意味である。否定の多義性こそが――ただしこの多義性の下では、類推の作用によって、一つの識別機能や拒絶機能が働いているのだが――、真理の名前の多数性というかたちで実現されるところの真理そのものの多義性に接近するためのわれわれの第一の手段となってくれる(9)。

ここで重要なのは次の点である。すなわち、もろもろの言明のなかに現われる名前としての真理について論じるだけで済ますことはもはやできない。言明作用のためのさまざまな行為、したがってさまざまな動作主または主体、諸規則、正しい、つまり理解可能な用法を構成する諸状況または諸条件を、「語用論的」伝統(これ自体、統一されているとは言えないのだが)が要求するところを拠り所にしながら考慮に入れざるをえない。われわれは今や次のことに気づく。すなわち、自己言及とは真理の名前の自己指示的な性格にほかならないという冒頭の事実のなかに、言明作用やその固有の多義性に対する間接的な言及がすでに含まれていたのだ、と。この事実が確認されうるのは(この事実が自分自身を確認させるのは)、「真なるもの、それは真なるものである」タイプの文章を言明する「行為」においてのみであり、したがってこの言明が言明作用によって反省されることにおいてのみである（これと同様に、「私」という名前には、「私とは、私と語るところのものである」以外には可能な定義はない。このことは、近代哲学のある分野全体が、真理と主体との同一性を基礎にして構成されている理由を知るうえで、少なくとも手がかりを与えてくれる）。けれども、われわれが今しがた理解したのは、このような無媒介的な反省が、それと連動し続けるある種の否定、およびこの否定の抑圧、さらにはこの否定の固有の多義性の抑圧をつねに前提にするということである。真理が自分自身を言明するのは、真理が非真理と自分との対立関係を暗黙のうちに言明する限りにおいてである。ただし、この非真理との対立関係は、真理の言明における語られざるものであり続ける。もしそれが語られるとすると、真なるものと偽なるものとの果てしない変動、つまり、真なるものと偽なるものとの全面的な逆転可能性が生じるであろう。これを次のように言うこともできるであろう。すなわち、「虚偽とは自己と真理との標識である（*falsum index sui et veri*）」、と。真理の自己指示性とは、真なるものの真理性（「真なるものにおける真」なるもの）を、嘘偽りや誤謬や虚構といった非真理との対立関係において定立するすべての様式の言明作用を、ただ一つの否定へと還元することであると同時に、「否定の否定」においてこの対立関係を消去することである。「否定の否定」とはつまり、真理の自己＝肯定であり、真理の名前の言明が直接に「意味する」のは、この真理の自己＝肯定である。

今度は逆に、改めて次のように自問してみなければならない。すなわち、真理を、それとは反対のものを選び出しかつ抑圧することによって名づけるという仕方をもってしては特定されることのないような言説、言語ゲーム、制度的実践といったものがあるのだろうか、と。そして私の見るところ、そのようなものはない。とりわけ、科学の言説には、真理に言及するという特権がある（これに対してそれ以外のもろもろの言説は、自らの責任において、「真なるものの規範」とは別のある規範、あるいは「真理値」とは別のある価値に準拠する）というのは、現実を見れば完全に誤っている。法、宗教、道徳、政治、そして芸術までもが、真理に訴え続ける。ただし、科学とは別の仕方で訴え続ける。

科学だけが真なるものにかかわるのだと、または科学の領域においてのみ真理と非真理との対立が意味をもつのだと決めてしまおうと企てるのは、むしろ科学に関する一定の言説（論理学的、哲学的）の方である。しかしこの言説――つまり、科学に対して正統性を付与する一つの仕方（社会的実践の総体に占める科学の「位置」の観点から正統性を付与すること）とみなすことができると同時に、科学の最高の規範の下で（つまり、科学なるものと、真理のシニフィアンとの同一視の下で）すべての実践やすべての言説を臨検する一つの仕方ともみなすことができるこの言説――は、完全に転換することができる。この言説は、次のような考え方へと転換される。この考え方によれば、すべての「形而上学的」学問とは区別される固有の特徴を諸科学に対して与えているのは、以下の点である。すなわち、真理の名前とは、もろもろの科学的言明の連鎖、つまり認識のためのもろもろの操作、に関する外在的な、つまり「イデオロギー的な」評釈においてのみほんらい用いられるべきものであるから、真理の名前が科学のなかに自分の場所をもつことはなく、科学のなかからいわば締め出されているという点である。

これと同様に、政治や道徳は真理とは関係ない（蓋然性や有効性や正義と関係するだけである）と主張する言説は、次のように主張する言説へと転換される。すなわち、真理の真理、つまり真理が最終的に自分の場所を受け取る拠り所としての高次の（「建築術的」）価値は実践であり、生であり、自由であり、正義であると主張する言説へと転換される。

もろもろの支配語

けれども、これによってわれわれが見いだすことになるのは、真理の名前の言明のうちにある新たな区分である。この区分によって、私が指摘したばかりの二つの運動（第一に、真理の名前が名詞と形容詞とのあいだで、あるいは主語と述語とのあいだで揺れ動くこと、第二に、否定および否定の抑圧）はいつまでも働き続けることだろう。そしてこのように働き続けながらもこの二つの運動は、もっとずっと具体的な、そしてまたもっとずっと両面的な一つの弁証法を引き入れることだろう。

真理の別名が多数あるという逆説的な事実を語ることによって、私はすでにこの弁証法を予想していたのである。これと同じプロセスについて、各人各様の仕方ではあるがすでに反省を加えていた数人の著者たちに従って、私はこれらの別名を支配語（maîtres-mots）と呼ぶことにしたい[10]。ここでそれらを列挙するときりがなくなるであろう。けれどもそれらの機能は見分けられるから、ここで改めてなすべきことは、自分自身をある一定の意味で「見せている」ものを、真理の等価物として、論証することではなくて、指示することである。真理の等価物とはつまり、他なるものとしての真理、の名前である。

何とは他なるものであるのか。もろもろの事物・対象・存在者とは他なるものということであり、またもろもろの主体・個人・対話者とは他なるものということである。真理の等価物として指示するのに、語の最初を大文字にすれば十分であることもある。この大文字は真理なるもののマークであり、また「発声されない」痕跡である。「発声されない」けれども、根本的自己言及を説明的に言い換えていく無限の過程において（デリダなら次のように言うであろう。すなわち、最初に文字上でのみ差延すること（différance）によって起こる無限の散種において、と）引き継がれていくのである。

このようにして、伝統的なもろもろの超越的名辞、すなわち**一者**、**善**、**美**、**存在**、**物**、等々が出てくるし、それだけではなく、**無限**、**同一性**、**否定**、**有限性**、差異もまた出てくる。

神と生命、**永遠性**、**自然**、**歴史**、**人間**、**精神**、**自由**、**科学**、**法**《ロワ》、**正義**、**実践**、**意識**、**法**《ドロワ》**／権利**、

国家、**社会**、**革命**、**個人**、**人民**、**階級**が出てくる。

理性、**批判**、**証拠**、**理論**、**擬制**が出てくる。

大地（「大地、それは偽ることがない」）、**人種**（ディズレーリいわく、「人種がすべてだ。それ以外に真理はない」）が出てくる。

主体、**父**が、それだけではなく**女性**もまた出てくる。

貨幣、**価値**が出てくる。**市場**が出てくる。

死（真理の「絶対的**主人**」）が出てくる。

これらの等価関係の一切が、実際に証明されねばならない。にもかかわらず、等価関係の数の多さによって列挙は困難になり、かつ等価関係の産出は止むことなく続く。およそ支配語はどれも、信奉することを命じるという言い方は、冗語法でしかない。すなわち、信奉することとは、次のこと以外の何だというのだろうか。すなわち、もろもろの支配語の効力の承認、つまり支配語によって指示される（または不在だと指示される）イデア的なもの（l'idéal）またはイデア性（l'idéalité）の承認以外の何だというのだろうか。

支配語の機能とは、ある言説・実践・生活様式・作品の真実性や真正さや妥当性を保証するもの、または基礎づけるものという資格において（すなわち、さまざまな真理を肯定するための原理として、また真なるものと真ならざるものとを区別するためのもろもろの基準として）、私的にであれ公的にであれ、援用されるところにあるということ、これもまた明らかである。これらの支配語が、あらゆる経験を尽くすことができるほどに多岐にわたっていることもまた、同じく明らかである。そしてこの経験の下では、さまざまな対象や状況や出来事が、現に存在する姿のものとして、また現に有する価値のものとして承認されねばならない。つまり、さまざまな対象や状況や出来事は、もろもろの主体との関係で、ある特定の意味を受け取らねばならず、これらの主体はまさしくこの事実によって、同一の「世界」、同一の「人類」、同一の「理性」、同一の「歴史」に所属するものとして（または場合によっては、このような同一のものには所属しないものとして、つまり排除作用によって相互に自らを知らしめるものとして）互いに承認し合うのである。別の言葉で言えば、支配語は、これらの語自体が現われる言説との関係で経験を組織するための、避けることのできない媒介物である。つまり、ただ一つの意味の核の下で「主体」を「対象」に関係づけたり、「対象」どうしを関係づけたり、「主体」どうしを関係づけるための媒介物である。[11] けれども、これが意味するのは次のとおりである。すなわち、もし起源や目的として、一言で言えば原理として（これ自体が一つの支配語なのであるが）承認された支配語が、言説やさまざまな制度のなかにつねに第三者として現われるのでないとすると、われわれが頼りにすることのできるような規定された主体や対象、つまりわれわれにとって計算可能であり、かつ計算する当てとなりうるような規定された主体や対象、あるいは事物や道具や作品として、男性と女性として、友と敵として、同胞と異邦人として同定しうるような規定された主体や対象などは存在しないであろう。

たぶん今言ったことほどには明らかではないにせよ、もろもろの支配語はすべて、真理の名前である。われわれは、再び循環的な手法によって、これを示すいくつかの手がかりを得る。まず第一に、いくつかの特権的言説がそう言っているという事実である。例えば神学は、**神**とは真理そのものであり（*ipsissima veritas*）、またこれと同様に、真理とは神的なものである、と言う。これと同時に神学は、さまざまな「神的な名前」に関する理論によって、**神**とはすべての支配語の共通のシニフィエであると、つまり支配語は「**神**において」等価であると説明する。そう言っているのは**神**である、とさえ神学は言う。すなわち、「私は**真理**にして**生命**である」（または、生ける真理である）、と。

あるいはまた、倫理は、哲学の口をとおして次のように言う。すなわち、**善**とは真理である、と。あるいは、道徳的法則《ロワ》（すなわち、自由と責務との超越論的統一）とは、真理に「優位する」がゆえに、そしてそれのみが、思弁的でもあれば実践的でもある**理性**の諸目的に通じているがゆえに、真理の真理である、と。

あるいはまた経済は、貨幣の真理（その反対は貨幣の偽造である）について語るばかりでなく、価格の真理（この意味は、経済的諸関係の真理は価格のなかにある——ただしこれは、価格が

「自由」であり、恣意的なもろもろの規制によって「歪められて」いなければの話である――ということである）についても語る。マルクスは、その経済学的現象学において、真理の自己言及を見事に解釈してみせた。すなわち、経済学者や商品交換者は、商品が「価値の担い手」である限りで、つまり商品が価値のシニフィアンを担う限りで、商品そのものが「語る」ことに（または少なくとも、「もし商品が話をすることができるならば」語るであろうことに）自分の「声」を貸し与えているだけであることを、マルクスは明らかにしたのである。

法／権利《ドロワ》もまた、自分が真理の名前であると言う。まず、『学説彙纂』[2]によれば、「判決されたことは真理として認められる（*res judicata pro veritate habetur*）」（ピエール・ルジャンドルはこれを二とおりの仕方で翻訳する。すなわち、「判決されたことは、真理に代わるものとして受け取られる」[12]、および「判決されたことは、真理に代わるものとして受け取られる」）。次に、聖トマス（「擬制は真理の形態である（*fictio figura veritatis*）」）。さらに、ホッブズによれば、法的「擬制」は、人民を真に代表する権威（または、人民を現実に構成する社会契約の真理が表現されている権威）によって制定される。あるいはベンサムは、もろもろの正統な擬制（功利性という人間学的原理の真理を表現するさまざまなもの）を、もろもろの「空想上の実体」から区別する。つまり、真の擬制を偽の擬制から区別する。[13]あるいは、ケルゼンは次のように主張する。すなわち、「個人と個人との関係に法的性格を付与するすべての判断が可能になるのは、ある根本規範

（*Grundnorm*）が妥当すると想定するという一般的条件の下でのみである」[14]、と。等々。

逆の方向から検証してみよう。支配語というものは（さらには、自分が支配者だと述べるというまさしくその限りで、**支配者**そのものについても同様であるが）、必然的に真理への問いに服さしめられる。支配語が妥当し、承認され、またそれに依存するものを承認させることができるのは、それが真である場合のみ、すなわち、それが真の**神**、真の**善**、真の**正義**、真の**美**、真の**法**《ロワ》、真の**科学**（「偽科学」に対する告発をつねに伴う）、真の**自由**（プルードンいわく、「アイロニーこそ真の**自由**」）である場合のみである。

したがって、ハイデガーの次の指摘は正当である。すなわち、「認識と事物との一致（適合、対応）」という、真理のいわゆる「伝統的」な定義（実はこの定義は、神的な**知性**が**真理**の名前であることを表わすある神学的テーゼを、最近になって逆転させたものである）は、それよりもより根源的な（そしてまた、より日常的な）一つの意味、つまり本物のもの、真正なものという意味を前提にしているのである（本物の金だけが金である、つまり本物の金だけが価値の尺度である）。

衝突の痕跡

このような「トートロジー」（**神**は、それが真の**神**であるならば**真理**である。善は、それが真の善であるならば善である。等々）においてわれわれは、再び、真なるものの自己言及を見いだす。けれどもこの場合の自己言及は、二つの項に分かたれているのであるが、この二つの項が同一のものであるかどうかについては疑いが残り、したがって、同一であることの信奉が要求される。もっと一般的に言うと——というのも、信奉や信仰といった用語は、真理のさまざまな名前の歴史と結びつけて捉えられることにより、今日では（けれどもこれは、どれだけの時間のことを言っているのだろうか）ある限定された意味作用を与えられているからなのであるが——、同一であることの確実性、つまり啓示や論証や証明の最後に得られる、同一であることの確信が要求される。別の言葉で言うと、支配語と真理との等価性（支配語とは真理の別名であるという事実）は、ごく日常的に、けれどもある衝突の痕跡を不可避的にうちに含んだある形式において語られるのである。これは、先ほどと同じように、抑圧された否定の痕跡という意味で、すなわち、形式を基に、嘘偽り、誤謬、錯覚等々として認識されるような、真理とは「反対のもの」の痕跡という意味で理解するだけではなく、次のような意味でも理解すべきである。すなわち、ある否認の痕跡、つまり人がすでに表明しているかまたはこれから表明するであろう承認拒絶の痕跡、つまり「私」——すなわち、これこれの名前によって真理を名づける者、もっと正確に言うと、ほかのもろもろの名前に代えて真理をこれこれと名づける者なら誰であってもよい——が不可避的につきつけられる異議申し立ての痕跡、という意味である。例えば、「マルクスの理論が全能であるのは、それが真であるからである」（この定式は、マルクスという名前を、真理の名前にしている）は、本当にマルクスの理論が真であるかどうか、また真であるとしてさらに全能でもあるかどうかという問題点において、懐疑したことの痕跡を含んでいる。というのも、マルクスの理論が（理論的に）真であることや全能（「実践的に真」）であることを否定する一方で、マルクスとは別のところに（例えば**神**のなかに、**市場**のなかに、あるいは**自由世界**のなかに）真理と全能とを位置づけようとする人々がいるからである……。

　けれども、そのすべてが真理の名前であるところの複数の支配語が存在することを示すだけでは十分でない。これらの支配語が、真理の名前とは別のものではないことをさらに明らかにする必要がある。すなわち、支配語は、真理が自分自身の名前でしかない場合における真理の名前そのものとまったく同様に、固有の、特有の意味を欠いているということを明らかにする必要がある。このとき事態は非常に興味深いものになる。というのも、二つの過程がつねに同時に働いていることがわかるからである。

　一方において次のような事実がある。すなわち、真理の名前を、**真理**そのものから**神**や**科学**や**法**《ロワ》や**革命**へと移し替えることにより、**神**、**法**《ロワ》、**革命**、**科学**を人は意味なきものにする。そしてそれによってそれらは、言説のかたちで声に出してみなければならないような、あるいは上演してみなければならないような、あるいは制定を記念するモニュメントに刻まれねばならないような、まったくのシニフィアンになるのである。なるほどこれは、これらのものの呼びかけが、所与の「諸条件」の下で逆らい難いものになるための条件をなす（今は逆らい難い力をもって呼びかけるどんな支配語も、経験が示すように、いつの日か無力なものになるであろう。そしてその一方で、これまた経験が示すように、人は、しかじかの支配語の無力化が既定のものになったことについて、重々しい幻想を抱くことがあるのだ）。けれどもそれと同時に、真理に対して、**神**、**革命**、等々をシニフィエとして与えることによって、真理を人は意味で満たす。もっと正確に言うと、真理に対して、**神**、**法**《ロワ》、あるいは**革命**に否応なしに服さしめられるさまざまな支配語からなる連鎖の全体をシニフィエとして与えることによって、人は真理を意味で満たすのである。言い換えると、この連鎖を構成するもろもろの支配語は、象徴的な仕方で、数々のパロールや実践、あるいはそれらの数々の主体や名宛人を、**神**の真理や**法**《ロワ》の真理や**革命**の真理に服さしめるのである。

　しかし、他方では次のような事実がある。すなわち、真理の名前を、ある任意の支配語へと移し替える（したがって位置づける）ことができるのは、真理の名前を別の場所に受け入れる場合のみである。というのも、真理の名前は、つねにすでにどこかにあるからである。しばしば見られるように、次のように想定する宗教や哲学さえ出てくる。すなわち、真理の名前そのものは絶対的に根源的なものであった（つまり、言語表現の起源となっていた）、あるいは絶対的に新しいものであった（なぜなら、これらの宗教や哲学が、自分で真理の名前をつくり出していたからである）、と。けれども、これこそが、イデオロギーを構成する虚構、つまり衝突の痕跡を消去するための手続きにすぎないことは明らかである。最初に真理を特定の仕方で名づけ、かつそれによって真理がほんらいある姿、つまり真理の本質を「露わにする」ような言説など一つもない。けれども、真理の言説はすべて、教えられたある真理を反復する場合でさえも、その真理について誤らせるような、つまりその真理が現にある姿やその真理が語るものを「覆い隠す」ようなもろもろの別名をつねに斥けている。そして、まさしくこれによって、真理の言説はすべて、真理のさまざまな別名の明証性をつねに積極的に隠蔽しているのである。

したがって、真理、それは**神**であると言いたければ、真理、それは**世界**ではなく、**自然**でもなく、**ローマ皇帝**でもないと言わなければならない。もっとも、**世界**とは**神**の似姿そのものであるとか、**自然**とは「**神**そのもの、あるいは創造された事物のなかに**神**が定立した秩序と配置にほかならない」（デカルト『第六省察』）とか、**ローマ皇帝**とは「あらゆる権威が由来する」（聖パウロ『ローマ人への手紙』）神的意志の道具であるとかいうのであれば、話は別であるが。また、真理、それは**自然**であると言いたければ、真理、それは**神**ではないし「神々」でもないと言わなければならない（もっとも、**神**や神々とは、**自然**を指示するためのあいまいなやり方であるというのであれば、話は別であるが）。

同様に、真理、それは**理性**や**人間性**や**法／権利**《ドロワ》であると言いたければ、真理、それは**神**ではないと言わなければならない。または少なくとも、無学な人々にとっては**神**とは**理性**に貸し与えられた名義であるというこの限りにおいてのみ、それは**神**であると言わねばならない（したがって、真理のさまざまな名前が絶えず配置転換されることへの問いと、いわゆる「二重の真理」論〔3〕とのあいだにある緊密な関係は、今後研究すべき一つの課題となるであろう）。

そしてまた、真理、それは**革命**であると言いたければ、それは**法**《ドロワ》でない、少なくとも神的な法やブルジョワ的な法ではないと言わなければならない（けれども、「真の革命家」にとって、およそ法とはブルジョワ的なものであるというのは、自明のことではないだろうか）。ここで、これまでとは別の興味深い問いが現われる。すなわち、真理のある新しい名前は、互いに衝突し合う真理の複数の名前を配置転換することがありうる、というのがそれである。例えば、政治の真理、それは**社会**である（または、**社会**とは、およそ真なる政治の源泉である）と言うことは、それは**個人**ではないと言うことであると同時に、それは**国家**ではないと言うことである（ただしわれわれとしては、**個人**に関する言説と**国家**に関する言説とが両立不可能であるということを、ア・プリオリに明白であるとみなすことはできないであろう）。

観念の論理学《イデオ゠ロジック》

　ここで問題となる事実は、真理の名前は、真理とは反対の数々のもののさまざまな名前なしには立ち行かないというのとは別個の事柄である。[15] 真理とは次のようなものである。すなわち、真理の名前が意味で満たされるのは、真理のもろもろの別名（**他なるもの**としての真理のもろもろの名前）から意味を、暴力的な衝突を引き起こすけれども根本的には両面的である一つの作用によって、締め出すことによってのみである。もっと正確に言うと、このような作用によって、真理のもろもろの別名を無意味さで満たすこと、これらを無化することによってのみである（真理のある名前を無化することとは、それを消滅させることであろうか。むしろそれは、デカルトが言うように、「否定性を含んだ一定の無の観念」とその名前とを交信させること、したがって何らかの**悪しき霊**、つまり**真理**に対する何らかの**敵対者**のもろもろの悪性の下で再出現する可能性をその名前に用意してやること、ではないだろうか[16]）。

　以上のことから次のことがわかる。すなわち、真理の場所、つまりイデオロギー的場所とは、ある三重の「論理」によって構造化されている。そしてこの三重の「論理」とは、いくつかの真理関数からなる論理ではなくて、もっと一般的な次のような論理である。

(1)　複数の支配語のあいだの衝突または闘争の論理（この支配語のリストはおそらく無際限に続く。したがって、このリストを限定しようとしてもまったく無駄なことであるし、とりわけ、このリストのなかから原則的にこれこれの名前を例外として除外しようとしてもまったく無駄なことである。なぜなら「例外」とは、真なるものを命名する形式そのものであるからだ）。このような闘争は、真理の名前をわがものにすることをめざすものであるが、われわれとしてはこの闘争を、特定のもろもろの「主体」や「制度」が真理をわがものにすることを可能ならしめるプロセスとして解釈することもできる。

(2) もろもろの支配語を（そしてまた、おそらく、これらの支配語を介してすべての語を）、それらのうちのいくつかのものに従属させること、という従属の論理。この従属させることは、絶え間ない「真であることの証明《ヴェリフィカシオン》」の賭け金である（そしてまた、さまざまな哲学的体系を構成させる特に重要な目標である。このことだけをもってしても、哲学の重要性は十分に証明できるであろう）。

(3) 真理のさまざまな名前が、それら自身もシニフィアンとして「循環し」ながら、それらのあいだで意味を循環させること、という循環の論理。この循環のなかで真理のさまざまな名前は、次々にリレーを行なっていく。または、これらの名前の積極的機能をもっとうまく際立たせる隠喩を使って言うと、これらの名前は、真理の意味の実現に向けて、つまり真理の支配力を実効あらしめることへと向けて、次々と真理のつり上げを行なっていく。けれども、これらの名前はまた、たった今見たように、真理の名前を「阻止する」または「抹消する」シニフィアン、つまり障害物でもある。したがって、意味の循環は、われわれを衝突へと連れ戻す。意味の循環をこの衝突から切り離すことは決してできない。

ここで生じる問いは、次のとおりである。すなわち、この三重の論理、ないしはこの三重のプロセスは、真理のイデオロギー的場所――そこで起こるのは、ある種の反復、ある種の無際限の置換のみである――の閉じを示しているにすぎないのであろうか。それとも逆に、この三重の論理またはプロセスは、ある種の不完全性を表現しているのであろうか。ところで、この不完全性は、何通りかの仕方で理解することができると思われる。

まず、意味の散種という意味において。この散種される意味は、どんな名前や名前のヒエラルキーによっても決して固定されることはなく、新たなイデオロギー的場所の方へと絶えず「追い立てられる」であろう。すなわち、散種される意味は、これまでとは別のまったく目新しい名前が、真理を名づけるような仕方でイデア化され中性化されるよう、絶えず要求するであろう。

第二に、真理の歴史性（または歴史の不可逆性）の意味において。この歴史性は、それが生じた原因が何であろうとも（それがイデオロギー的場所に内在するのであれ、あるいは、イデオロギーとは自分自身の規定された姿に尽きるものではないという事実にそれが対応するのであれ）、一般化した等価性、「永遠回帰」的なもの、あるいは循環する原理の可逆性を認めることを禁止するであろう。あたかも真理が、**神**から**人間**へと移行した後で、機会を捉えて**人間**から**神**へと立ち戻ることができるかのような、循環する原理の可逆性を認めることを、それは禁止するであろう。これに劣らず今日的な意味をもつ別の例を挙げると、あたかも真理が、**貨幣**から**労働**へと衝突を起こしながら移行した後で、**貨幣**へと立ち戻ることができるかのような、循環する原理の可逆性を認めることを、それは禁止するであろう。

最後に、いくつかのイデオロギー的形成体が、ある意味においては非＝イデオロギーとなるような意味において。この非＝イデオロギーとはつまり、真理がもはや自己言及の様式では機能しないところの言説、または真理のもろもろの名前が支配語として機能することのない言説、または真理が、しかじかの名前を介してわがものにせんとする作用の対象にはなりえない——少なくとも、その対象に「いつもなりうるわけではない」、つまり支配語が使用されるたびごとにその対象になりうるのではない——ような言説、である。

この種の問いにおいて賭けられているものは、十分に明確である。すなわち、少なくとも次の問題はそのうちの一つである。すなわち、真理の場所とは、支配のさまざまな効果が永遠に反復される場所でもあると考えねばならないのだろうか。けれども、真理が真理の場所において展開される仕方についてわれわれが与えた記述のなかで、これに答えることを可能にしてくれるものは何もない、と認めざるをえない。閉じや非＝閉じについて語ること、さらには、閉じと非＝閉じとは完全に識別可能であるという仮説を単純にも形成すること、これは、真理とイデオロギーとの「さまざまな関係」についての別種の反省を先取りしたものでしかありえない。

唯名論的仮説

その代わりにわれわれは、途中で少なくとも二度、われわれが真剣に検討することなく斥けてしまった一つの問いに遭遇した。それは、こう言ってよければ、唯名論に関する問いである。ただしこの唯名論とは、唯名論の次のような特殊な一変種である。すなわち、「実在論」と少しも矛盾することはなく、かつ（きわめて非定型的ないくつかの哲学的体系における）次のような哲学的言説におそらくは固有のものであるところの一変種である。すなわち、その哲学的言説は、真理の名前自体を取り除くことによって、パースペクティヴをことごとくひっくり返す。ただし、真理の名前自体を取り除くのは、真なるものについて語るのを禁止するためではない。そうではなくて、真なるもの自身が現実的なものや思考や言語表現のなかに出現する仕方の無限の多様性——この無限の多様性は、いくら一義的な名称を与えようとしても、それを超出するものである——を、真なるものと同一視するためである。

この仮説をめぐっては、いくつかの問題点がすぐに出てくる。まず第一に、この仮説については、いくつかの規定された哲学的体系、とりわけ「閉じ」という形式と結びついた哲学的体系を、何回かそれと明示することなく引き合いに出しながら、すでに（たぶんいくらか皮肉まじりに）

その概略を示しておいた。哲学的体系のなかには、何らかの真理の名前に言及することなしに制定されているものがあるなどと考えることができるだろうか。今しがた取り上げたばかりのいくつかの例そのものから直ちに示唆されるのは、そうは考えられない、ということである。したがって、**実体**（別の言葉で言えば、「神即自然（*Deus sive Natura*）」）、フレーゲ的な「真理値」（または、「名前」とみなされたもろもろの命題の意味（*Bedeutung*））、あるいは『論理哲学論考』のなかでカバラ的なかたちで示されている「命題の一般形式[17]」、これらは、はっきりと示された真理の名前でないとすると、いったい何だというのだろうか。そうだとすると、これらの「体系」はそれ自体として矛盾していると、もっと正確に言うと、これらの体系は、真理の命名と、ある名前のない真理、根本的に匿名的なある真理のイデア性（l'idéal）とを結びつけようとして、際限なく続行されるある種の衝突を行なっているのだと考える必要があるのだろうか。

この新たな示唆は、状況を解明するというよりはむしろ、さまざまな問いかけを再開させる。実はこのような衝突は、おそらく、これらの哲学に固有のものではない。これらの哲学は、この衝突を、とりわけ「目に見える」かたちで示しているだけなのかもしれない。この衝突が哲学そのものを構成していると主張することもできるであろう。この意味において、たぶんまさしくあらゆる哲学のなかに、匿名性と、さまざまな真理の「デモクラシー的」分散とを内容とする仮説を探してみる必要があるのかもしれない[18]。

その一方で、真理とは名前——単数形の名前——なしにある（さらには、真理とは**匿名性**そのものである）ということは、真理とはつねに、依然として、あらゆる規定された名前のかなたにあるということを示すために、新プラトン主義や否定神学がつくり上げた古い定式である。したがってそれは、とりわけ尊大な、真理の一つの名前である。これとは逆に、すべての真理とは、数え切れないもろもろの名前であると、さらには、個別的に捉えるならば、すべての真理が現にそれであるところのもののもろもろの「固有名」でさえあるということによって、われわれは、「名前」という語そのものが（名づけるという動詞を前提にする限りで）もつ用法上の限界に触れることになる。本論文で言及されている哲学者たちがそれぞれ自分なりの仕方で、言語表現のさまざまな限界について一つの判断を表明しているのは、偶然ではない。そしてこの判断は実際には、言語表現を、それとは反対のものとして考えることを前提にする。スピノザは、すべての語（普通名詞としての語。これらはもろもろの個体の「類似点」を指示する）を表象《イマジナシオン》のなかに位置づけ、十全な認識から排除する。フレーゲは、一つの「概念記法（*Begriffsschrift*）」を構成することによって、さまざまな真理値を厳密に割り当てていく作用の一切を、さまざまな「自然」言語の特性を中性化する作用に従わせるが、その「概念記法」において、論証的建築法ともろもろの概念の構成とは正確に重なり合うように思われる[19]。最後に、ヴィトゲンシュタインは、記号を世界の「像（*Bilder*）」と同一視するが、この「像」そのものが世界の一部をなす。つまり、この「像」も結局のところ、単なる「出来事」または「事態（*Sachverhalte*）」でしかないのである……。

したがって、真理が自分自身のイデオロギー的な場所において名づけられていながら、その一方で、どんなに取るに足りないような支配語であろうとも決して出現することがないようにするという、唯名論的かつデモクラシー的な仮説——それが抱く反＝階層的な目標は、非常にはっきりと見て取ることができる——は、今のところ、われわれにとっては、必然的に一つのアポリアとして現われる。支配語が姿を消すように望むならば、または支配語がその他多数《マス》のなかに解消されるように望むならば、まさしく言説そのものを消滅させてしまうことになるのではなかろうか——支配語が姿を消すこと、支配語が一時的に消失することを、支配語とは異なるもろもろの言明作用、つまり真理に関する支配語とは異なるもろもろの「効果」に改めて結びつけるのでない限りは。

第三章　切断と改鋳
——イデオロギーにおける諸科学の真理効果(1)

われわれが科学の歴史に関して述べる言説を決定的な仕方で政治的な隠喩から解放する必要はないだろうか。そのような隠喩はたぶん真理効果の表象に不可欠であるだろう。しかしながら、認識の還元不可能性を消去することで、そのような隠喩は諸科学の真理効果と政治における真理効果のあいだで起こりうる邂逅の知解を妨げる。政治的な隠喩を単純に除去することが可能でないならば、諸科学の歴史の固有の教えに従って、必要とあらば同時に別の諸隠喩に訴えながら、政治的な隠喩の利用に制約を加えうるのでなければならないだろう。

認識論的切断は、それが科学革命を引き継いだ仕方——その側面のあるものを保持し、別の側面を根本的に除去する——ゆえに、そのような試みを表わしていた。切断とはいったい何か。この問いには二種類の回答が可能である。理念型を提出することができ、直接次のような問いに進むことができる。諸科学の歴史のうちには、ただ一つの切断があるのか——そうであるならば、その諸特徴は、内在的な記述によってしか、内部の科学認識論によってしか把握されえないだろう。それとも、複数の切断たち――共通の構造よりも諸差異を把握することが問題であるだろう――があるのか。この二つの道は互いに不可欠であり、第二の道が第一のそれを訂正するのである。

不帰還点

〔認識論的切断に関して〕私の知る最良の形式的な記述あるいは定義は、F・ルニョーによって、アルチュセールが高等師範学校で一九六七年から一九六八年にかけて指揮した「科学者のための哲学講義」の枠内で提出されたものである[2]。この記述あるいは定義は、ガリレイとアインシュタインの名によって象徴される、数理物理学史の二つの契機を支えとしていた。この二つの契機の節合を解釈する際、ルニョーの記述あるいは定義はコイレに多くを借りていた――コイレの科学革命という考え方は、初めから、諸事実の実証主義に対立するとともに、諸理論の実証主義にも対立している。コイレは、世界観の変形と、唯一の言説のうちでの論証と実験の組み合わせが表わす革新とを、科学に関する問いの中心に置く。数理化された近代科学なるものという観念は、ラカンに借りた真理の定義――規約という意味ではなく、主体に対するシニフィアンの効果という意味での虚構としての真理――に到達することを可能にする懸け橋でもある。

ルニョーが物理学の事例を典型の地位にまで引き上げることを可能にしたのは、別の諸事例との暗黙の比較、特に『資本論』の序文でマルクスが開始すると主張する「科学」――資本主義的生産様式に関する科学（エンゲルスはそれを、ラヴォワジエの化学革命になぞらえた）――の事例、あるいは、人間中心主義に加えられる究極最大の「自己愛への痛手」の責任を負うべき、無意識の形成物に関するフロイトの「科学」のそれとの比較であった。この比較の次元のかなたでは、それは、誤謬から真理を、非科学から科学を事後的に区別する、バシュラールの歴史的な科学認識論の二つの基本的なカテゴリー――科学認識論的な不連続性と回帰――への訴えであった。最後に、それは、アルチュセールとともに、障害物と誤謬がイデオロギーに属すると考える可能性であった。

この三つの要素はコイレの諸観念の修正を密かな仕方で内包している。われわれは、バシュラールに従って、「客観的な」認識――非科学的な誤謬と区別することにより、科学の進歩が事後的に裁可する――として真理を特徴づけると同時に、ラカンに従って、「主観的な」効果――科学が主体のうちで、主体の知とその想像的な同一化とのあいだで作用させる亀裂によって生産される――として真理を特徴づけるという事実のうちに緊張関係を指摘することもできる。この緊張関係は「認識論的切断」の参照に作業させるのを決してやめなかった。それは再検討を要求している。

まず、著者ルニョーによって提出された語に従い、それにいくつかの補足的な説明を与えることによって、この定義を要約しよう。切断は知の秩序のうちでの転位として提示される。この出来事の典型はガリレイによる等加速度運動の概念化である。出来事について語ることとは、前と後があると言うことであり、それゆえ、ある現象――ここでは、力学そして天文学上の現象――の表象の連続性を中断させる日付を定めることである。ガリレイの論証のあちらこちらで、運動が同じ仕方で（同じ原因によって）説明されないというだけでなく、運動の観念そのものが経験のうちで定義と参照項を変えるのである。アリストテレスの自然学にとって、位置移動は実体の偶有性の変形の特殊ケースである――そうした偶有性は転化あるいは生成という一般的な観念に包括される。ガリレイ後の物理学にとって、運動は、時間のうちで測定可能な大きさの変異に関する一般的な概念である――それは相対性についてのある公準を含む(3)。

そこからすぐさま、切断は断絶であれば何でもよいというわけではないということ、切断はそれに従って「物理学的な」諸問題が提起されねばならない方法の原理そのものを対象とする断絶であるということが結論される。時間のうちでの量の変異へのユークリッドとアルキメデスの論証手続きの拡張、運動の幾何学化を含んでいるのは、方法の原理そのものであって、技術的な目標ではない。これは、切断はまずもって示差的な観念であり、この観念は批判的な分析を包含するということを意味する。ガリレイの切断は古代の物理学のあれこれの側面との断絶とは区別される。そうした断絶は、別の伝統から借用を行なうことで、ときにアリストテレス主義に反対の立場をとりながら、中世とルネサンスの物理学史を区切っている。ある意味で、この前史は、ドグマの反復のうちに閉じこもるどころか、諸断絶によってしか形成されてこなかったのである。切断はこれらの断絶との断絶である。切断はわれわれに、それらの断絶が決して再び問いに付すことなくつねに前提としていたもの（運動には起源と目的があるという観念、運動の「偶有性」がその原因の不可視の本性を表現するという観念、運動が永続性あるいは静止の「状態」に対立するという観念、ガリレイより前の物理学の思弁的経験論と呼ぶことができるだろうあらゆるもの）を理解させる。そういうわけで、革命について、転位について語ることができるのである。これらの説明の試みのいかなるものも、ガリレイの発見の後まで生き延びることはなく、ガリレイ自身の論証の構築に不可欠であるわけでもない。ルニョーはこれらの断絶を「内＝イデオロギー的」〔断絶〕と呼ぶ。

　にもかかわらず、切断が天空（イデア界）から降臨すると言っているのではない――実際には、切断が生じるのは、以前の断絶への批判、以前の断絶のあいだの諸矛盾の結果として、また天文学あるいは技術によって提起される問いとの矛盾の結果としてである。それゆえ、切断は知的労働の成果なのである。したがって、切断は、任意の断絶でも「前史」をもたない転位でもなく、問題系の変化として、諸科学の歴史を特徴づけ、イデオロギーあるいは制度とは別の仕方で諸科学が「開始する」ようにする、不連続の型を表わしている。

問題系あるいは方法の変化は具体的にはどのように導入されるのか。一般理論の形式の下ででは少しもなく、ましてや方法論、科学的精神の指導のための諸規則あるいは物理学的諸現象の本性の定義の形式の下ででではない。クロード・ベルナール、ダーウィン、ラヴォワジエ、マルクスあるいはフロイトのような人の言説にそのような一般化が現われることになるように、ガリレイの言説にそのような一般化が現われたとしても、革命的な内容を内包し、不可逆的な帰結をもたらすのは、そのような一般化ではない。そうではなくて、特定の諸概念――瞬間速度、加速度、重力、諸運動の合成――の形式の下でである。切断はこれらの概念の構築のうちにある。そういうわけで、切断は必然的に出来事に内在的である。切断は、ア・プリオリに革新の諸形式を規定する科学認識論的な言説によって、虚構的に先取りされえない。切断の観念を有しているからわれわれは物理学とは何であるかを知っているだろうというのではなく、反対に、われわれが切断に場所を割り当て、その内容を決定するのは、ガリレイの諸概念とともに開始するものをわれわれが（部分的に）知っている限りでである。切断は概念の事実に結びついている。

きわめて特殊なこの「事実」を記述するために、われわれにはそれ自身で十全な「概念」の概念（スピノザの言葉では、「観念の観念」[4]と言われるだろう）が必要である。ところで、ガリレイの諸概念（速度の概念のような）は、観念でもイメージでも諸現象のクラスでもなければ、計算あるいは所与の問題の解決のための道具でもない。それはそれ自身で概念＝方法であり、概念＝問題である。概念＝方法だというのは、問いの解決のための諸条件を「生み出す」ために問いそれ自身を分類する可能性にその一般性が関係しているからである（そういうわけで、ガリレイのケースでは、決定的な概念は、単に速度ではなく、速度プラス加速度という対なのである。これについては後に、幾何学ではなく代数学の言葉で、次のように言われるだろう――ガリレイによる速度と加速度の活用は「暗黙裡に」微分方程式の観念を包蔵していた）。とりわけ、それは概念＝問題である――すなわち、本来的に均衡を欠いた概念＝問題であり、その定義と利用は、それが解決するよりも多くの問いを提起し、それゆえいっそうの概念化を強制する。概念＝問題は、その理論的な潜勢性を明示するだろう特定の方向に概念化の過程を引き入れる。ガリレイの切断のケースでは、この生産性が少なくとも四つの方向においてすぐさま明示されることをわれわれは理解するが、それらの方向は物理学の（未完の）歴史を通じて開かれたままだろう。

（1）　理論的「基礎」の（すなわち、その有効性が当初の諸概念の活用に含まれている、普遍的な原理の）方向。ここで争点となるのは、因果性のカテゴリーの解明である。このカテゴリーは科学を基礎づけ、したがって科学の対象の「本性」、科学がそれについての認識を発展させる実在の種類を構成する。

（2）　当初の研究領域とは別の「領域」の方向。この別の領域には同じ諸概念が適用されえ、まさにそのことによって、科学に経験の理論的統合――ニュートンはそれを「自然の類比[1]」と呼ぶだろう――という任務を提出する。

(3) 新たな諸概念（とこの概念と結合している論証）の、その概念自身のランガージュとエクリチュールとの「適合」の方向（ガリレイの切断のケースでは、本質的には、ユークリッド的でアルキメデス的な「幾何学的厳密さ」――有名な幾何学的秩序――から「計算」の厳密さへの移行が、それゆえ関数概念と無限に関する演算を創造することが問題である）。

(4) 最後に、新たな諸概念と、その新たな概念自身がもつ「諸現象」を生産し再生産する技術との節合という方向。この技術の外では、因果論的な説明の有効性の限界が決定されないままである。それゆえ、バシュラールに定式化を借りることによって、われわれは、概念の実験的構成（あらゆる「検証」手続きによって前提とされている）を、概念へのその適用の諸条件の組み込みとして表象しうる（この過程が真に開始するのは、振り子に関するホイヘンスの業績とともにでしかない[5]。

これらすべての潜勢性は、回顧的にしか、「回帰的な」仕方でしか知解可能ではないが、まずは理論的実践の制約として存在している。潜勢性は、「パラダイム」、「エピステーメー」、「公理系」――それらの内側で、知は所与の枠組みのうちでのように作業するだろう――の出現から切断を区別する。反対に、切断は、ルニョーと同じ隠喩を用いれば、切断自身の基礎、限界、認識の対象、また危機（後で見るが）に向かっての「前方への逃走」である。これこそ、認識論的切断をそこから科学が開始する不帰還点として形式的に定義することで、ルニョーが表現するものである。ガリレイの問題系が適用される領域の潜在的多数性を考慮に入れるならば、反ガリレイ的「物理学」の言説が長期にわたってあるだろうし、つねにありさえするだろう。しかし、これらの言説のいかなるものも決してガリレイの真理を消去しえないだろうし、それ自身を科学的言説へと構成しえないだろう。

切断のこれらすべての特徴は、概念の科学認識論を実践するという条件でのみ、特定の諸概念を適切な統一体にする――それは科学的な知に典型的なことである――という条件でのみ認識されうるという事実を強調しよう。それは確かに、経験主義的な科学認識論と対立的にであるが、諸理論の記述と議論に焦点を合わせた科学認識論と対立的にでもある。科学的概念は一つあるいは複数の理論を含んでいる。しかしながら、一つの理論では概念の科学性を形成するものを決定するには十分ではない。

真理効果

では、まさしく切断の真理効果を構成するものを検討しよう。われわれはここで、真理の名前に関するすべての古典的な二律背反にさらされている。

まず第一に、真理効果は論証の生産に存する。「物理学者はみな、確認されたことと論証されたことを、数学者と同じくらいはっきりと区別する」[6]。あらゆる科学はそのものとして論証的であるが、それなりの仕方でそうなのである。論理実証主義のユートピアに反して、ただ一つのモデルなどなく、論証に関する一般理論という観念は、論証の実践、論証の現実と矛盾していることが判明する（そういうわけで、伝統的論理学は科学のオルガノンとしては失敗したのであるが、そのことは哲学者が定期的に伝統的論理学に依拠しようとするのを妨げはしないだろう）。

肯定的な論証か否定的な論証（「反駁」）かはここではほとんど重要でない。ホイヘンスは、衝突についてのデカルトの諸法則は誤っており、一様な円運動の加速度は向心的であるということを論証する。ニュートンは、物体の落下についてのガリレイの法則と惑星の運動についてのケプラーの法則が万有引力の帰結であるということを論証する。クロード・ベルナールは、血糖は消化吸収の現象ではなく、内部環境の調整であるということを論証する。ダーウィンは、種の特定の環境への適応は、欲求の力学的な効果ではなく、二つの独立したメカニズム――個体の変異性と自然淘汰――の結果であるということを論証する。ガロワは、四次より高次の代数方程式の「べき根による」一般解などない――方程式の係数によって生み出される「体」と結合したある置換群は可換的ではないから――ということを論証する。マルクスは、「相対的剰余価値」の生産に基づく資本蓄積の集約的な方法が利潤率の傾向的低下を含んでいるということを論証する、等々。

しかしながら、すべての科学的論証は、それらが明証性に対立するという点で、直ちに直観されえず、計算、実験、推論あるいはこれらの操作の組み合わせという物質的な操作による迂回を要請するという意味で、共通している。また、それらの論証が、知覚の先取り、良識あるいは認められた意見に逆らうという意味でも、別言すれば、それらが「事物の本質（現実性）はその外観と混同されない」（マルクス）ということを確立するという意味でも、共通している。ラカトシュが言うように、「蓋然的な命題は、あるいは〝トリヴィアルには真である〟命題でさえ、普通は即座に反駁される。批判のうちで成熟し、受け入れ難いけれども洗練されている推測は真理を捉えることがある(7)」。しかしながら、次のことを指摘しよう。論証に固有の「知的明証性」の構成という観点から科学者あるいは科学認識論者によって反省され、哲学者を、直観、形式的厳密さ、真理の基準あるいは理性といったカテゴリーを彫琢しようとすることへと導くのは、まさにこの明証性と論証との対立である。

第二に、科学的論証は、特定の対象あるいは現象の領域に対して有効であるという意味で、つねに相対的である。この領域は、経験的に閉じておらず、潜勢的な領域あるいは「可能的経験」の領域である。一般的に言って、われわれはこの領域をそうした論証がそれに対して有効である対象の領域として同語反復的に指し示すことを余儀なくされている。しかし、この領域は絶対的に無限な領域であるわけでもない。すなわち、必然的にその領域を逃れる対象があるのである。そのような領域は、有限であると同時に無限定であるが、いわば自らの「内的境界」を内包しており、その境界は科学史とともに位置を変える。そうした境界は、「第一の」経験の対象が分配されるもろもろの存在の類の統覚と一致せず、反対に、決定的な実験によって開示されうる。その対象性は反省的な仕方によって事後的に把握される。別言すれば、いかなる論証も無条件的ではない。論証一般に相応しい真理の名前は「無条件的ではないもの」である。

ギリシア数学を創始する切断以来(8)、そして認識論的切断があるたびに、論証と哲学的反省とのあいだに溝を穿つのは、この二重の事実である。後者〔哲学的反省〕（弁証法、形而上学、超越論的論理学あるいは別の仕方で呼ばれる）はその溝を「内面化」――ドゥサンティの表現に従えば(9)――の企てにより埋めようとするだろう。しかし、科学的真理はそのものとして相対的でしかないという観念を惹起するのも、この溝なのである。その後、まったく別の「事実」――諸理論の反駁という事実、全体的あるいは部分的にそれと矛盾する別の理論によって不可避的にその位置が取って代わられるという事実――が育むこととなる観念を、である。私は注意深く、同じ意味も同じ価値ももたないこの二つの特徴を区別する。第一の特徴は、「全体的な」、「仮言的でない」真理などないこと、あらゆる科学的真理は諸条件を含んでおり、この条件の範囲を反映させていることを知らせている。これに対して、第二の特徴は、現存する理論が切断によって潜勢的に開かれた領野に現われて以来、完全に「真なるもののうちに」場所をもっている（これは、つねに注釈される有名な事例、光学の諸理論に当てはまる）。諸理論への反駁は論証の手続きであり、それゆえ真なることを言い、その諸条件を解明するための手段なのである。

このことはわれわれを、科学的論証の別の性質を指摘する――科学的論証がつねに未完である という事実から始めて――ことへと向かわせる。プラトン以来、数学の科学認識論は、「仮言的でない」絶対的な論証などないということを再認してきた。パスカルはこれについて著名な定式化を与えた。それは、論証と定義の並行論に基づき、無限退行という本質的な観念を導入した――しかし、これには不完全性という否定的な意味を付与している。[10] しかし、数学的であるものにとって、この状況の肯定的な意味は、次の時代になってからしか、論証の厳密さ――特定の連関の諸前提を明証的にする――に関する諸規則の改鋳とともにしか明らかにはならないのであり（例えば、ボルツァーノとともに、古典解析学の明証性が、後に集合論あるいは位相幾何学と呼ばれることになるものに属する、より一般的な補助定理に依存しているということが発見され始める）、公理系と構造概念の導入とともにしか明らかにはならないのである（例えば、種々の幾何学あるいは力学は公理群を――一貫性は留保しつつ――体系的に変更することから生み出されうるということ、あるいは、数という算術的概念はクラスの論理的構築あるいは集合代数学から生み出されねばならないということが発見される）。このように、「合理的な連関」（カヴァイエス）としての、所与のあらゆる論証は、その「出発点」と同時にその「鎹《かすがい》」あるいは環に関係する問題に開かれている（比喩はどれもカヴァイエスのものである）(11)。

しかし、このことは、論証がその真理とその確実性のあいだの内なる不均衡――主観の反省とは何の関係もないけれども、それが（当初の「単純な自然」の観念と対立的に）把握する諸概念の連結の実際的に汲み尽くせない複雑さを外示しているという意味での――を提示するということを意味している。そしてとりわけ、それは、諸論証が――論証の生産の運動において捉えるならば――一挙に所与の問いに与えられ、そのようにして次々に閉ざされていく回答ではなく、うまく提起された新たな諸問題の発見のための拠点であるということを意味している。この意味で、逆説なしに、科学は、論証的になればなるほど、実験的な性格（「数学者の活動は実験的な活動である」とカヴァイエスが言う意味で）、あるいはこう言った方がよければ「帰納的な」性格（経験論的な意味でのではなく、数理物理学は理論的「帰納」を経てその不可欠な基礎に向かうとバシュラールが言う意味での）をも獲得すると言うことができるのである。数学に有効であることは別の諸科学にも有効である。このようにして、フェルマーの原理から始まる幾何学的な光学の諸法則に関する論証は光エネルギーの量子化へと開いており(12)、あるいは、胚のもつ調整の能力に関する論証は多細胞組織の発展における発生プログラムと後成説の節合へと開いている(13)。

これらの特徴の総体が、結論の意味を定めるのは論証であって、その逆ではないということを意味している。論証は一連の言説的で技術的な操作――一つの結果へと向かう――として提示される。それゆえ、結果がそれ自身のうちに思考されねばならない意味を包蔵するように見え、論証は単にこの結果を「有効なものにする」（あるいはしない）ことのみを、すなわちこの結果を「真理の体系」のうちに入らせたり入らせなかったりすることのみを機能とするように見える。さらに、私が前に語った相対主義へと誘うのは、この外観である。論証が再び問いに付されるならば、論証が法則あるいは定理に付与する真理は「相対的」であるにすぎない、あるいは厳密に言えば、諸科学のうちに真理はなく、ただ蓋然性、規約あるいは実用的結果のみがあると結論されるだろう。しかし、生起しているのは正反対の事態である。結果がその「生産」の諸条件とその論証が提起する開かれた問題についての認識に伴われている限りでしか、結果は真理をもたない。

そういうわけで、バシュラールがいつも指摘しているように、科学的な言明は、その諸前提、その欠落あるいはその反例から絶えず考え直されないならば、いかなる意味ももたないのである――これこそまさに、科学的真理の現実である。結局、科学的言明は、「問い」――生成中の連関のネットワークにおける節合点にして再開の契機――としてしか意味をもたない。しかし、このことは、われわれが論証に関する同様に十全でない二つのイメージを断念するということを想定している。その一つは実体論的イメージ（自律的な意味を授けられた真なる諸命題――われわれは論証手続きの助けを借りてそれに到達しようとする——があるという観念）であり、もう一つは形式論的イメージ（論理学的な統語法により提出されたモデルに従ったものであり、このモデルにおいては、定理は潜在的に無限な一連の表現——うまく形作られ、再帰的に構築される——のうちに現われる任意の定式である）である。この二つのイメージが根本では等価であることを指摘しよう——それらは論証と真理を分離する。ヘーゲルを（『精神現象学』の序文で）次のように宣言することへと導いたのがこの分離であることも指摘しよう——厳密に言えば、科学の領野には真理などない、そこでは結果はそれを生み出す諸操作から切り離されているのだから。皮肉にも、われわれの記述は、これとは反対に、ヘーゲルの要請が最もよく満たされうるのは、科学的実践のうちでであるということを示すことを目的とする。とはいえ、重要な留保がある——意味を定立あるいは構成する活動（論証は、その開けにおいて、その本質的な未完成において、その結果に関して定立されている意味を定立しているのだから）の観念は、全体化へのあらゆる展望から分離されているのである。

真なるものの領野のうちの偽なるもの

このような記述を提出することで、われわれは認識論的切断の真理効果とは何であるかを十分に際立たせたのか。まったくそうではない。ある意味で、われわれは本質的なものを回避してさえいた。われわれが記述したのは、確かに切断の事実によって元来決定されている「内理論的な」真理効果であるが、厳密な意味では切断の効果ではない。それゆえ、第一の性質——明証性との断絶——を再び取り上げよう。問題となっていたのはどの「明証性」であるのか。

哲学的伝統はわれわれに一つの回答を示唆する。その回答とは、批判され、脱構築され、結局は論証によって抹消線を引かれる(それ自身の水準、意識の水準で削除されたのではないとしても)明証性は、スピノザの語る、「二百歩先に太陽がある」の明証性、すなわち知覚的あるいは知的な(さらには言語学的な)直観の明証性であるというものである。それは現前としての真理の定義に通じる「このもの」の明証性である——論証は現前の解体であるのだが(デリダはそれを疎隔化と言う[14])。そういうわけで、論証はエクリチュールという一般化された概念に結びついている。物理学者のモンタージュあるいはダイアグラムと同じく、数学的エクリチュールもまた正当な権利をもってその概念に属する)。論証は、この意味で、『精神指導の規則』においてデカルトによって公準とされた理念的なものと正反対のものである。「演繹」を「直観」に解消する——真なるものの生産が継続的に行なわれ、極限においてはもはや、虚構の時間における直接的な明証性の膨張でしかなくなるように——代わりに、論証は、その各々の契機が問題(その論理学的規則との合致、その普遍性——反例により試される——、観測あるいは技術的綜合としてのその可能的実現に関する)となる不連続性を創設する。

われわれは数学の事例を取り上げうるだろう。その最も単純なものの一つは一八一七年のボルツァーノの論文──「純粋に解析学的な証明」──に記述されている（カヴァイエスはそのうちに、解析学における集合論的推論の第一の事例を見ていた）。ボルツァーノは、「反対符号の付いた二つの解を与える、未知の大きさの任意の二つの値のあいだには、つねにその方程式の少なくとも一つの実根がある必要がある」という定理（すなわち、実数を扱う解析関数は、少なくとも一度、正と負の二つの値のあいだで必ずゼロとならねばならない）についての先在するすべての論証は「人をあざむく要素」──連続性という直観的な明証性──に立脚しているということを示す[15]。このようにして、それらの論証は、回顧的には「偽の論証」であるように思われるのである。しかし、ただ回顧的にのみそうである──というのも、幾何学的類推（線分）あるいは力学的類推（運動）の、それゆえそれらの類推を支える超越論的直観（時間の連続性）の「人をあざむく」性質を示す反例それ自身は、連続性についての別の定義（算術的であって、直観的ではない）からしか創設されえないからである。これらの事例は、明証性との断絶が論証の本来的な未完成と密接に結合しているということを理解させる。論証のそれ自身の改鋳への各々の開けは、先在する明証性の消失点であり、「現前」としての真理の解体点である。しかし、このようにして関係が断たれる明証性は、その種（「知覚」、「意識」、「観念」の明証性）のいずれかの下にある、明証性一般、明証性それ自体ではない。それは、一つの歴史の全体をもつ特定の諸概念のうちに備給された明証性である。それゆえ、それは、そのものとして創設されると同時に忘却され、ある概念の直接的な明晰さという外観のうちに沈殿している明証性である。

　ガリレイに立ち戻れば、このことがよりよく理解されるだろう。ガリレイがそれとのあいだで「切断を行なう」運動の概念に含まれる明証性とは何か。それは、物体に内属する性質である、「軽さ」と対立する「重さ」の明証性、空間の先-在する場と方向に対する運動の相対性の明証性、なかんずく運動と静止のあいだの本性上の差異の明証性、それゆえ物体がそのうちに場所を占める「場」の運動あるいは静止の状態による物体の運動の転化の明証性である。ガリレイの論敵が異なった密度をもつ物体が異なった速度で「落下する」、あるいは地球の運動がピサの斜塔の高さから放たれた球の軌道に影響を及ぼすのを目あるいは思考によって「見る」という事態を生じさせるのは、これらの明証性である。あるいは、ニュートンとモーペルトゥイの論敵が地球が「球形である」ことを「見る」という事態を生じさせるのは、これらの明証性である。しかし、これらの明証性は、その全体が「自然」、「世界」をつくり上げているが、それ自身は自然的ではない。これらの明証性に確実性を付与する「共通感覚」は、諸概念のシステム全体、「世界観」、存在論を想定する諸実践と諸理論から構成される。それらは、知覚と知的直観に組み込まれる、思考の傾向である。

　切断によって開かれた領野において関係を断つ必要がある明証性は、バシュラールが「科学的精神の形成に対する認識論的障害物」と呼んだものに属している。落体の法則を論証し、暗黙裡に普遍的である相対性の原理（慣性の原理）をそれに備給することで、ガリレイは「自然の運動」の実用的で思弁的な明証性を破壊し、そのようにしてそれを「錯覚」のように思わせるのである（現われ（*Erscheinung*）は仮象（*Schein*）になる）。しかし、ガリレイは知的な場に潜勢的に陣営を構えるのでもあり、そこから、先行する明証性と連帯している別の明証性（例えば、「真空」と「充溢」の明証性、その作業のうちで消尽する主体の努力としての「力」の明証性、「原因なき」運動としての一様円運動の明証性、等々）も、認識論的障害物として明示されるにつれて、破壊されうるだろう。

そのとき、この回帰する過程（反復され、それ自身の過去に立ち戻る）はわれわれによる真理効果の構築にとって本質的な決定的区別——偽なるものあるいは誤謬というまったく異なる二つの審級のあいだの——を生産する。

構成されたあらゆる科学はそれ自身の領野のうちで誤謬に場所を割り当てる。数学では、推測の虚偽性が論証される。この論証が定理の証明に組み込まれるとき、偽なる言明はそれ自身真なるもののうちにありえ、そこで不可欠な段階の役割を演じるということ、偽なる言明はそのものとして真なるものの契機であるということは明らかである。この論証が不可能性あるいは制限の定理の形式をとるとき、それは対象領域の拡張へと数学的な実践を直接に開く。この歴史は、厳密さの観念の構成そのものとともに、ピタゴラス派の誤謬の論証とともに開始する――ピタゴラス派は一般に、数を尺度と同一視しうると信じていた。この歴史は「厳密さの危機」の各々とともに継続され、この危機は反省的な帰還を操作上の諸規則に課し、明証性の検証としての論証の表象を脱構築するのをやめない。

物理学でも同様に、法則あるいは理論の反駁は、周知のごとく、論証の不可欠の契機である。ホイヘンスは運動量保存についてのデカルトの原理に反駁する（このことは――この点に注意しよう――ガリレイの言葉でのデカルトの言明の再定式化、すなわちデカルト物理学の前科学的な側面の除外を想定する）。カルノーは力学的エネルギーと熱エネルギーの等価性からそれらの変換の可逆性を演繹する命題に反駁する――統計力学がその不可逆性を論証するのを待ちながら。「決定的な実験」（アインシュタインはその理論的な機能を、デュエムの「懐疑的な」異論に抗して、つねに主張していた）は――それとは別の言説的な機能をもってはいるが――形式的には何も不合理なところはないが、観測可能な効果、経験的に真である法則を偽である原理に関係づけるだろう説明の可能性を排除することで、実証的な論証を補完するという効果をもつ。このようにして、決定的な実験は原因と効果の理論的な一貫性を保証する。別の領域でも、状況はまったく同じように特徴的である。メンデルは獲得形質は遺伝しないということを論証するが、これは、「誤認された」論証、メンデルの別の業績とは独立に再発見された論証が問題であるだけにいっそう興味深い事例である。これは、真なるものの領野のうちでの偽なるものの現存が、即座に解消されなければならないわけでも、一挙に無効にされなければならないわけでもないということを示す。それゆえ、真なるものの領野のうちに、誤謬は、一時的に、しかし正当な権利をもって現存する。

誤謬とイデオロギー――「意味」の執拗さ

これらすべての事例がバシュラールのテーゼを正当化している。そのテーゼに従えば、科学的真理の歴史はただ真理だけの歴史ではない――確かに、それは誤謬の博物館ではないが。演繹あるいは純粋に実証的な構築を介してではなく、誤謬を介して、真理から真理へと移行するのである。[16]「検証」の歴史は偽なるものの反証である。あるいは、より正確に言えば、検証の歴史はある型の誤謬――真理と「通約可能な」誤謬――を介して移行する。

ところで、別の型の誤謬がある。それは、ガリレイ、デカルト、パスカルと比較した場合のアリストテレスの誤謬であり、ニュートンと比較した場合のデカルト自身（渦動説のデカルト）の誤謬であり、ラヴォワジエと比較した場合の燃素の理論家たちの誤謬、ダーウィンと比較した場合のラマルクの誤謬、メンデルと比較した場合のダーウィン自身（発生と遺伝を混同する「汎生説」のダーウィン）の誤謬であり、カントールと比較した場合の古典哲学者たち――彼らにとって、無限は、「潜在的な」数であるか、神学的絶対者であるかである――の誤謬、等々である。これらすべての誤謬は、回帰的な仕方で場所を割り当てられるが、それぞれ異なっている。各々の誤謬は、はっきりと決定された一つの科学的真理と比較すれば誤謬である。いかなる誤謬も誤謬それ自体を表わしてはいない。しかし、これらの誤謬は総じて、われわれが言及したばかりの科学的誤謬に対立する。ここでは、偽なるものの明示は論証に属する事柄でも論証体系に属する事柄でもない――あらゆる可能な論証の領野の外へとある問いを追いやるのは、問題系の根源的な変化の効果である。もちろん、科学者あるいは科学研究者の「意識」の領野の外、それゆえ彼らの研究の企画あるいは計画の外へと、ではない。ここから、闘争、認識論的障害物、この障害物の還元という認識論的な行為が生じる。

われわれがここで相手にしている明証性の破壊ははるかに根源的である。明証性の破壊は、ランガージュにおける亀裂、コミュニケーションも翻訳もない二つの言語学的宇宙のあいだの亀裂の広がりによって、別言すればある概念（運動、質料、無限、遺伝、偶然性、価値、思惟）の同音異義性が現実には両立不可能な諸志向性を包含するという事実の発見によって表現される。明証性の破壊はある問いを真なるものの領域で提起することの不可能性によって表現され、したがって――バシュラールの術語を再び取り上げれば――この問いの存続は、概念的な誤謬という事実に結びついているのではなく、科学の主体にとってのこの誤謬の価値、主体の認識欲望が想像的なもののうちで編成される仕方に結びついているという発見によって表現される。それゆえ、誤謬のもつこの別の様相は、認識の歴史における「前科学的なもの」の現存と懐胎を明示しているが、この歴史は非科学的なものとしての前科学的なものの排除に基づいている。

実際、われわれは、科学の視点から、切断によって開かれた領域の内部では一挙に除去されない、論証可能でないものの執拗さとしての誤謬をイデオロギーと呼びうる。それゆえ、イデオロギーの観念がここで指し示すのは、ある誤謬はその内容の反駁によっては真理に転換不可能であるという単純な事実ではなく、ましてや誤謬が、無意味（あるいは、技術的、論理学的、さらには倫理学的な規則の誤認によって特徴づけられる「偽科学」）に属するだろうという事実ではない。そういうわけで、イデオロギーの回帰的な定義は境界画定の基準の言明とは何の関係もないのである。前もって複雑さを減じられうるどころか、科学の概念とイデオロギーの概念は、ただ切断の事実によってのみ、そのようなものであり始めるのである。イデオロギーの「織物」がそれから成る誤謬が不条理あるいは無意味によって特徴づけられるどころか、反対に、誤謬を特徴づけるのは誤謬が経験に課す意味――主体に対して世界を知解可能な総体として、また再認の場として提示するべく、誤謬がもち、保持している能力のこと――である。

これは、コミュニケーションを欠いた自らの外部としてイデオロギーを発見しつつも、科学的認識にはイデオロギーのどのような把捉もない、と言うことだろうか。正確に言えばそうではないが、この把捉の様相は必然的に間接的である。いかなる科学も、そのものとしては、直接にそのイデオロギー的な他者、それ自身の認識論的障害物の「精神分析」ではない。しかし、あらゆる科学は、イデオロギー的な明証性がそのうちで織り上げられる経験の世界を実践的に変容させる技術の源泉であり、とりわけ諸主体がこうした明証性を受け入れ伝達する諸状況の「構造」についての理論的説明である。この事実からして、あらゆる科学はそのものとして、純粋な「対象」についての認識ではなく、主体の形式的な決定の何ものかに関する科学なのである。

例えば、数学は計算可能なものとそうでないもの、離散的なものと連続的なものとの差異についての科学であり、頻度と確率、対称とカオスとの差異についての科学である。物理学は知覚世界の対象の安定性についての科学である。生物学は遺伝と発達によって再生産される有性の個別的諸形式についての科学である。言語学は言明作用についての科学、すなわち統語論的な諸形式が主体のためにつねにすでに用意する場所に関する科学である。史的唯物論は、それが科学であるとすれば、歴史的個別性の諸形式についての理論あるいは生産様式と従属様式の節合についての理論である。

この意味で、かつてマシュレがスピノザ主義の展望において示したように、「あらゆる科学はイデオロギーの科学である」と言うことができる。[17] しかし、いかなる科学も、自らがその理論を与える諸技術についての科学にすぎないわけではないのと同様に、自らがその知解を与える明証性の構成過程についての科学にすぎないわけではない（特に、主観的な構成過程についての科学ではない。ここから、科学がその構成過程に課す特徴的な脱中心化、「自己愛への痛手」が生じる）。そして、いかなる科学も全体と考えられたイデオロギーについての科学ではなく、あるいはこう言った方がよければ、イデオロギーはそのものとしてはいかなる特定の科学の認識の対象でもない。そういうわけで、ここでこの語に与えられる意味でのイデオロギーのいかなるものも諸科学の把捉を免れないが、イデオロギーの拡張は全体化可能ではなく、その範囲も絶対に統合可能ではない。イデオロギー的なものは未完の科学の回帰の下で発見されるからであり、複数の還元不可能な（両立不可能ではないとしても）科学がイデオロギーの種々の側面を発見し説明するからである。なかんずく、諸科学はイデオロギーに前科学的な誤謬としての場所を割り当てるが、いかなる科学もそのものとして誤謬についての科学、すなわち誤る存在としての人間、「彷徨する」あるいは「迷う」人間の、特定の認識対象への構成ではない。

思考されざるものへの帰還

この形式的な記述には、循環の議論が対置されよう。すべては、問題と論証の領野の開けとしての、概念の構築という事実に立脚している。この構築の運動を本来的に真と名づけるのは確かにすばらしいことだが、このことは真なるものとはそうしたものであると認めることを余儀なくするわけではない、と言われるだろう。これは結局、「名づけ《ノミナシオン》」の効果でしかない。そして、そこから科学とイデオロギーの古い対立を――さほど独断的でない形式の下でででさえ――継続するための議論を引き出すのはかなり容易なことである。

この異論に対しては、まさにあらゆる切断は改鋳を含んでいるということを明らかにすることで、回答することが可能である。これはわれわれの定義の最後の契機を構成するバシュラールのテーゼである（カンギレムによって暗黙裡に再び取り上げられている）。このテーゼを導入するために、F・ルニョーからすでに引用した説明に立ち戻ろう。彼は以下のように書く。「切断が確認され、あるいは不可逆的となるためには、いつまで待つ必要があるのか。（……）ガリレイの物理学が完成されるのを待つ必要がある。ところで、このことは、ガリレイの物理学が、革命、内科学的断絶、改鋳を被ったときにしか、生起しないだろう。それゆえ、われわれは、ガリレイ物理学の別の極、すなわちそれ自身の基礎、最も一般的な概念へと立ち戻ることを余儀なくされるほど根本的な危機に身を置いてみる。ところで、これが一見して相対性とともに生起するのは明白である――アインシュタインの相対性は、空間、時間、質量（……）についての新たな理論を生産したからである。任意の科学を所与とすれば、この科学の思考されざるものへの帰還点――これは同時にこの科学にとっての新たな不帰還点であるが――は認識論的改鋳と呼ばれるだろう（……）。ガリレイ物理学の全体が把握されるのは、改鋳の視点からである。ガリレイ物理学の本性が認識されるのは、ガリレイ物理学の諸限界が乗り越えられ、その諸前提［ここでは、何よりもまずニュートンによって解明された絶対空間と絶対時間という前提］が改造された今である。ガリレイ物理学が科学となるのは、それが改造されてからである。あるいは、別言すれば（……）、切断（……）に回顧的に（……）場所を割り当てる権利をもつのは、改鋳の視点からである。それゆえ、切断が宙吊りにされ、自らの改鋳を待っていると書く権利があるのは、現在においてである」。

回帰という観念の新たな発展が問題であることが理解される。ここで思念されている「思考されざるもの」、それはまず、古典力学の諸原理、空間と時間、質量と力（それにエネルギー）に数学的に決定された構造を課す原理である。この構造の外では、物理学のいかなるものも構築可能ではない。すでに言ったことだが、そうした原理はガリレイ自身の推論のうちに含まれている。しかし、デカルトの「運動法則」の観念、名前、数を再び取り上げ、最初に十分な仕方でそうした原理を言明するのはニュートンである――デカルトが運動法則に割り当てた内容に異議を申し立て、運動学、唯物論的原子論、数学的天文学、ニュートン自身がそれを考案するのに寄与する微積分学の開かれた綜合を「自然哲学」の名の下に行ないながら。それゆえ、第一の回帰はこのようなものである。慣性の原理は、それなしにはこの原理が無効となるだろう別の諸原理によって事後的に解明され、補完される。第一のパラドクスはこうである。半世紀の作業の果てに完全に解明されたものを「思考されざるもの」と呼ぶのはなぜなのか。

それを正当化するには、この言明作用のうちで何かが後退しており、宙吊りでもあることを示す必要がある。実際、力学の根本概念（動力学の根本法則、作用と反作用の同等性とその系、その保存原理）に関する暗黙裡の定義として機能している諸原理を解明しうるためには、ニュートンは、絶対時間、絶対空間（それらは相互に独立している）という形而上学的なテーゼを前提とせねばならない。それらに質量の二重の機能（アインシュタインが慣性の質量と重力の質量との同一性と呼ぶだろうもの）を加えるのがよい。周知のように、これらの前提の方も、認識論的な用心深さ（「私は仮説を立てない（*hypotheses non fingo*…）」と思弁的な軽率さ（宇宙の根本属性を、伝統の未知なる様相の下で神に帰属させること、そこから新たな宇宙＝神学を構成すること）の注目すべき組み合わせを生じさせる。『プリンキピア』を読み進めていくと最後に発見されるように、当初分離されていたもの（根本法則に関する数理物理学、宇宙論的な絶対者についての形而上学）は、後になって、〔つまり〕「世界のシステム」についての具体的な物理学へと移行する際、少なくとも理念的には再統合されねばならない。この意味で、諸原理の定式化のうちにはつねになお何かあいまいなものがあり、認識がニュートン的な世界の単純さの外観を炸裂させるにつれて、その困難が強まるだろう[18]。

より重大なことがある。ガリレイ＝ニュートン的な諸原理の普遍性は新たな型の物理学的な諸現象への力学の拡張を基礎づけるのである。この意味で、その普遍性は拡大しつつある認識論上の境界を決定する。しかし、この境界はどこを通るのか。そしてとりわけ、起源の領域における諸原理の帰結と新たな適用領域における諸原理の帰結とのあいだの隔たりが明示されるならば、そこに本来的な制限の刻印を見る（科学の統一性を再び問いに付す危険を冒して）必要があるのか、それとも、そこに不正確さの指標を見る（獲得した認識体系を不安定にする危険を冒して）必要があるのか。周知のことだが、一九世紀中にこの問いにアポリアの形式を与えることになるのは電磁気学である。初めのうち、その解決は、ニュートンの諸前提と整合的であると期待される新たな「絶対者」の生産を通じた、形而上学的な諸前提の再編成のうちに探求されるだろう。この過剰な絶対者の典型は、波動光学によって、後にはマックスウェルの理論の「物理学的」解釈によって前提とされていた力学的エーテルである。しかし、それに続く段階では反対に、明らかになるのはこうした前提の恣意性である。それが恣意的なものであるのは、逆説的な概念的内容のせいであると同時に、物質的に観測不可能なアド・ホックな仮説としての性質のせいであり、そうした仮説を検証するためになされる決定的な実験の反復される失敗のせいである(19)。ここから、賛成から反対への逆転（主観的には、「危機」の観念のうちで反省される）が生じる。形而上学的諸前提を再編成する代わりに、それらを除去することがもくろまれる。しかしながら、同時に原理それ自身を除去することなしに、どのようにしてそこにいたるのか。

この状況は、改鋳の歴史的過程を公理化という論理学的過程と結合する密接な絆を理解することを可能にする。公理化は、諸原理を全面的に解明すると同時に、諸原理の操作上の意味、説明機能をその形而上学的な諸前提から引き離し（いわば形而上学的な諸前提が当初担わされていた意味の過剰を還元し）、最後に形而上学的な諸前提が物理学の理論体系とのあいだで有している論理学的な連結を開示して、どのような論証に対して形而上学的な諸前提が不可欠であるかを示すことを可能にするだろう方途である。同時に、公理化は諸原理の第一の利用に対する批判的な距離を許容するだろう。しかし、この操作は両義的である。原理の規定の言明から公準の言明への移行それ自体は諸概念の内容を何も変化させないからである。この移行はただ諸概念の言明作用の様相のみを変化させるのであり、この様相は定言的なものから仮言的なものへと移行する。諸原理には二つの面があった。一方は帰結（諸原理が基礎づける適用）を考え、他方は第一原因（諸原理を含む基礎――それを神と呼ぼうが、別の呼び方をしようが）を考える。公理化とともに、この基礎がかっこに入れられる、あるいは主観的な基礎となる。しかし、この留保が言明されても、諸原理のその帰結に対する支配はかつてないほど全面的である。それは操作的な修正（その典型は「ローレンツ変換」である）[20]が重ねられるだけにいっそう全面的である。

「危機」によって導かれ、現代における数学の進化によって技術的に可能にされ、哲学的な趨勢（「相対主義的な」科学認識論の興隆）によって正当化される公理化が改鋳に寄与しないと考えることはおそらくばかげていよう。公理化は諸原理の決定的な再定式化、ニュートン後の新たな段階に通じている。ニュートンはガリレイの動力学のうちに含まれていた慣性の原理を解明した。ポアンカレと彼の同時代人は、慣性の原理が不変性の原理であるということを示す（もろもろの空間＝時間的な座標系のあいだで等価関係にある群の定義――そこから初めて、ガリレイの「相対性原理」について語る可能性が生じる）。このようにして、彼らは改鋳にその数学的な枠組み（群論）を提供する。そのとき、どのような意味で思考されざるものへの帰還について語ることがすでに可能であるのかがよりよく理解される。心理学的な意味（ガリレイあるいはニュートンの精神のなかで「無意識的に」作動していたものの発見）においてではなく、現存する理論を完全に定式化し、それゆえその諸限界を開示することを可能にする諸概念の生産という意味においてである。

しかしながら、この形式の下では、現実の改鋳の手前にとどまっている――そもそも、周知のように、ポアンカレとローレンツはアインシュタインではない。定言的な言明から仮言的な言明への移行は回顧的に、切断を、「恣意的に」行なわれ、次いでその成功によって正当化された（切断の失敗によって再検討されるのを待ちながら）だろう決断のように思わせる。結局のところ、すべてのうちで最も「思考されざる」ものは、この決断という事実そのものだろう（それは、個人的な行為として、あるいは文化的な現象、さらには「時代を画す」決断として表象される）。

この意味で、諸原理の批判はそれ自身、歴史のある種の形而上学的表象によって支えられている、――この表象において、自然理性の観念は単にその反対物（継起する合理性を創設する決断あるいは視点の非合理性）へと逆転させられているだけである。ところで、この形而上学は、理論の発展の内容を対象とする実証主義と親和的である。ニュートンの形而上学を、より一般的には古典的、「実体論的な」形而上学を、「思考の節約」の名において、この形而上学が力学の諸概念と取り結んでいる内なる絆を検討することなしに、単純に遠ざけうると信じられている。絶対という観念を厄介払いしながら、絶対空間、絶対時間を維持しうると信じられている。おそらく、これこそがすぐれて認識論的障害物なのである。根本的諸概念それ自身、時間の概念化は何も変化させられていない。時間が空間に類似してはいるが空間とは独立している客観的な枠組みとして実体化され、神の果てしない持続として実詞化され、諸現象についてのわれわれの直観の超越論的な制限として主観化される、あるいは力学の方程式の線形パラメータとして公理化されるとしても、時間は相変わらず、測定を免れ、観測から独立した、座標系それ自身である等速度運動であり続ける――すべての観測が瞬時にそれに準拠するだろう理念的な時計のイメージがそれを表現する。

因果性に関する説明

さて、われわれには改鋳に関する叙述を修正する必要がある。ガリレイの切断についてわれわれが行なったように、まずは出来事のかなたに身を置いてみよう。すなわち、われわれは、同時性という観念に対する批判と相対性原理の再定式化（慣性の座標系に対して等価関係にある新たな群の定義）を忘れないでおこう。そして、先在する理論領野のうちでこの改鋳が回帰により発見するものを改めて検討しよう。第一の確認事項は次のようなものである。切断と同様、改鋳は、諸理論をではなく、諸概念を対象とする。改鋳は、「置き換え」ではなく、別の選択に続く理論的選択である。改鋳は、反駁でも改良でも一般化でもなく、唯一可能な仕方での、すなわち概念の有効性についての厳密な諸条件の再認による、概念の裁可である。したがって、改鋳は、切断を無効にせず、別の切断でもなく、切断の完成、あるいはさらに言えば、その真理効果にとっての不帰還点である。切断についての当初の再認に含まれている絶対者を批判するまさにそのとき、改鋳はある領域において科学的な認識を「相対的な真理」として表象するあらゆる可能性に終止符を打つ。

バシュラールが見事に示しているように、「古典的な」理論と「相対主義的な」理論とのあいだには不連続性がある。第二のものは第一のものの一般化でも複雑化でもない[21]。概念的には、古典力学を相対性の近似物として、諸速度が光の速度と比較した場合に微小であるときに再び見いだされうるだろう「特殊」ケースとして表象することはできない。しかしながら、古典的理論と相対主義的理論が二つの排他的な言語学的宇宙あるいは世界観のように「通約不可能」であると考えることは不可能である。それらを相互に本来的に結びつけているのは、第二のものが、第一のもののうちに諸原理の物理学的な意味を集約し、諸現象の絶えずより大きくなる群へのその適用を可能にしたもの——相対性の観念そのもの、あるいはもろもろの慣性系のあいだの等価性の観念そのもの、別言すれば、「自然法則」を対象とし、その形式を普遍的な制約に従わせる、不変性についての数学的なある種の概念——を説明するということである。同時に、この同じ概念を新たな理論的枠組みのうちで再定式化することによって、この観念は、「力学的」でない領域において、その当初の外観上の「例外」と「矛盾」を取り除くことを可能にするのである[22]。

しかし、自然法則の不変性は因果性の法則が問題であるという事実に本質的に結びついている。慣性についてのガリレイ＝ニュートン的な概念は、現象学の側では、位置変化について二次微分したもの（すべての速度は「相対的」であるのに、「絶対的である」加速度）に因果性を関係づけ、物質の構造の側では、質量と力が相互に及ぼす作用（後に場あるいは相互作用と言われることになる）に因果性を関係づけることによって、因果性を思考するための根源的に新しい仕方を創始した。このようにして、それまでの数世紀中に彫琢されてきた、因果性についての種々の思考様式は脇に押しやられたのである。ところで、相対性によって裁可され基礎づけられているのは、因果性というこの同じ概念である。しかし、その当初の形式において、この概念は一連の謎（「自然科学の形而上学的な諸原理」に関する哲学的な思弁の特権的対象となる前に、ニュートンによって「神のうちに」戻された謎）を内包する。物理学的過程は、真空と考えられるが動力学的な諸属性を有さねばならない空間「のうちで」展開する。その空間が絶対的な運動と外観上の運動を規定しているからである。原因の効果に対する関係は時間の経過「のうち」での継起関係として現われるが、その「流れの速度」は恣意的に選択されうる。諸力は、あたかも空間のうちでのその邂逅が偶然あるいは宿命に帰責されるかのように、質量「に対して」働きかける。相対主義的な改鋳は、空間＝時間的な幾何学を、物理学的過程に外的である枠組みにではなく、その展開そのものの構造的な不変性にすることによって、また二つの質量の同一性を、偶然の一致にではなく、必然性にすることによって、これらすべての困難を削除する。

それゆえ、物理学の概念を特に因果的なものと考えることで、われわれは、どの点で改鋳は切断の確認であるのか、またどの点で改鋳は「その適用の諸条件の概念への組み込み」（バシュラール）の過程を完成させるのかを同時に理解する手段をもつ。改鋳は、因果性についての科学的な考え方とつねに前科学的である「世界」観のあいだの、切断以来の密かな矛盾を解消する。ニュートン自身において、普遍時計のイメージによって象徴される時間の表象は、（コイレの語る、「正確さを備えた宇宙」のうちでの）その測定が技術的にはどれほど正確であろうとも、結局、古代の哲学者たちによって彫琢された心理＝宇宙論的な概念でしかない。われわれは、少なくとも原理上、なぜアインシュタインの改鋳が、物理学的な因果性に関する「実体論的な」考え方と「関係論的な」考え方（一方は「事物」として想像される実体論的な実在、力、質量、エネルギーのうちに原因を実現させ、他方は原因を方程式――連続していて、一義的で、対称的な仕方、要するに「決定論的な」仕方で、現象学的な「諸事態」を互いに結びつける――の形式に還元する）とのあいだの二律背反に終止符を打ちうるのかをも理解する。[23]

科学的イデオロギー

このことは、われわれを、第二の側面――イデオロギーと概念との矛盾した結節――に直接向かわせる。これまで述べてきたことは、「形而上学」（あるいは実証主義がこのようにして指し示していたもの）は、古典物理学がその諸概念の真理を投射する場であるが、古典物理学が、その諸概念の矛盾を「絶対者」へともたらす――その矛盾が科学研究のうちに帰還するにいたるまで――ことで、その矛盾の位置を変える形式でもあるということを示している。

そのような形而上学にわれわれは一般に機械論の名を与えうるが、そのとき、それは科学に組み込まれた前科学的な観念を保持するものの役割を演じる（時間の事例に加えて、今や原子の事例を展開するのが適当だろう[24]）。しかし、原子の演じる認識論的障害物としての役割は過去にだけ向けられているわけではない。反対に、それは、科学をその未来へと、それゆえその「危機」へともたらすことに弁証法的に寄与している。物理学がまずは先取りによってその諸原理の新たな領域への拡張を、したがって物理学的世界のモデル――矛盾していることが判明する――の構築を思考するのは、機械論的な形而上学のカテゴリーにおいてである。

こうした矛盾は、たとえわれわれが、形而上学という言葉によって、哲学そして神学との隣接関係あるいは交流を際立たせようとも、科学的な研究の領野に純粋に内的であるように見える。ところが、円環ははるかに大きく、その位相は内部を外部から単に分離することを可能にしない。このことを理解させるには、カンギレムが生物学の歴史に関して導入した故意に逆説的である観念――科学的イデオロギーという観念[25]――に訴える必要がある。

機械論は科学的イデオロギー――イデオロギー的な図式の衰退と生産を組み合わせながら、物理学の歴史全体に伴う――の連鎖の第一の環である。古典力学の諸概念は、数学的定式化の体系のうちで実現され、同時にイデオロギー的な表象の体系のうちでも実現されるというのでなければ、知的な仕方で「作業」しえなかっただろう、という意味に解されたい。これら二つの「体系」のあいだでは、同音異義性の関係(例えば、座標系としての空間と知覚領野としての空間がある)が支配しており、あるいは進行中の食い違い、緊張関係が支配している。このようにして、力の概念は、分析的な定義と闘争的な表象――運動性と抵抗、引力と斥力、カントが「実在の対立」と呼ぶだろうもの——のあいだを揺れ動く。物質の概念は、体積、質量（後には弾性、電荷）といった測定可能な大きさのあいだの関係によって定められる抽象的なシニフィエの規定と、諸現象の「支柱」を構成する、分割不可能な事物あるいは実体的な環境の表象のあいだを揺れ動く。

この二重の特性は、きわめて明瞭に、認識論的障害物の肯定性を示している。実際、数学的な思考体系の含意をイデオロギー的な表象の制約と対決させることによって、ますます多様になる実験の領野（天文学、音響学、光学、流体力学、熱、電気の伝導……）を力学の諸概念に従わせることを可能にし、対応する論証を思考実験として構築することを可能にするのは、この認識論的障害物なのである。厳密に言えば、それは概念の作業である。例えば、力学の諸概念は、機械論の表象の助けを借りて、その地平のうち（すなわち、ニュートンが『プリンキピア』の冒頭で列挙した実体的な諸属性——「延長、持続、不可入性、可動性、慣性」、後に別の「媒質」も加わることになろう——をもつ、「物体」の世界のうち）で作業する。

それでは、カンギレムを引用しよう。「科学にとっての障害物と科学の対象とは一体をなしている。科学の対象が克服すべき障害物、解決すべき問題でないならば、それはいったい何であろうか」。しかし、これは、所与の歴史的瞬間においてでさえ、物理学的な領域の境界は一義的な限界ではないということを意味する。それは、力学の諸概念の助けを借りて実際に定式化可能な諸問題を包括しているだけでなく、機械論がその概念化を先取りしている問題をも包括しているのである。同じ諸概念で統制されうるだろう問題をだけでなく、そうした概念の変形へと通じるだろう問題をも包括しており、科学的な問題として回帰的な仕方で有効にされるだろう問題をだけでなく、非科学的なものあるいはイデオロギー的なものとして異議を申し立てられるだろう問題をも包括しているのである。

科学的イデオロギーの弁証法的な機能は、まさにこの相対的な無区別、何が「力学」に属し、何が「機械論」に属するのか、何が「科学」で何が「イデオロギー」なのかを直ちに言うことは可能でないという事実に由来する。科学は、科学自身のイデオロギー的なものとの内なる関係の助けを借りることによってしか、新たな問題と新たな領域に向かって進みはしない。科学がそれ自身の要素のうちで「実在の対象」を領有するのは、実験と論証に備給されるイデオロギーの作業と、結局はその批判を介してであって、感覚器官あるいは技術によって直ちに捉えられるものを介してではない。しかし、この運動において、科学は必然的に、その過去と未来のあいだ、切断の手前とかなたのあいだを揺れ動く。というのも、その説明が先取りされる領野あるいは対象を指し示すのは、「世界観」という遺産であるからである。

カンギレムはこの運動を、認識のそれ自身による「傲慢な超越」と呼ぶ。科学的イデオロギーは「科学性の規範と比較すれば、その対象が誇張的である説明の体系」である、と彼は言う。このようにして、境界の侵犯という観念が強調されているが、その軌跡は回顧的にしか定められえないだろう。しかしながら、この侵犯は内部に向かっても行なわれ、それが行なわれると、科学の領野のうちでの概念の作業は外部へのその「誇張的な」拡張へと直ちにつながるということを理解する必要がある。自らを機械論的であると考え、次いで決定論的であると考えることで、古典物理学はイデオロギー的な表象を（宇宙の数学化という理念の形式の下で——ラプラスの有名なテクストが示すように）内面化したが、このイデオロギー的な表象は、同じ瞬間に、経験の一般的な還元のイメージを物理学的な現象学に空想的な仕方で投射している。しかし同時に、古典物理学は、その領域の内と外で同時に、その危機を準備する。

カンギレムによって詳細に分析された事例は、機械論、原子論、決定論の事例ではない。それは生物学における進化論の事例である。ここで決定的であるのは、ダーウィンの切断（個体の変異性、生物群の自然淘汰）が前科学的なイデオロギーの側から存在の階梯と自然の摂理という観念を追い払い、そうすることで生物学的因果性の概念——機械論的であることなしに、初めて目的論と関係を断つ——を創設したという事実である。ところで、この切断は直ちに、普遍的な進化論的イデオロギー（生命科学総体を内含するが、一方で歴史学、心理学、「精神の諸科学」をも、他方で宇宙論をも内含する）の構成を招く。これと同時に、このイデオロギーは、生存競争および進化という「支配語」の下に経験の全体を包摂すること、生物学の種々の領域（古生物学、発生学、生理学、遺伝学）の統合を先取りすること、生命なるものの前進（「劣った形式からすぐれた形式への」移行）という観点から、ダーウィニズムそれ自身にその諸概念（生物学的時間、適応）の内的な表象を提供することを機能としている。

人類の系譜という問いはこのイデオロギーの面目にかかわる事柄であり、それについてこのイデオロギーはきわめて喧しい論争を仕掛けている。しかし、われわれにとって最も興味深い側面は、進化論が生物学のうちとかなたで目的性の再構成に資するべくダーウィニズムを活用する仕方であるという事実である――ヘッケルの有名な「生物発生法則」あるいは「個体発生のうちで系統発生が反復されるという法則」が、実験発生学の研究計画であるとともに進化の誇張的な拡張（フロイトにおけるものも含めて）の担保であるというその矛盾する機能のうちで、この事実を厳密に例証するだろう[26]。そして、それは、進化論が、人類の古生物学、人種の問題、心理学の問題等々へのダーウィンの理論の適用に根差しているだけでなく、自然淘汰の「生存競争」としての表象にも、そして変異性の諸原因と諸形質の伝達メカニズムについての考え方と結びついた、遺伝についてのダーウィンの考え方にも根差しているという事実である。メンデルと「メンデル主義者たち」――その観念を進化論とは独立した仕方で再び見いだすだろう――が同時に進化論およびダーウィンと関係を断つのは、この点に関してであった。そういうわけで、ダーウィンの進化論とメンデルの突然変異論のあいだでは、いかなる加法的な「綜合」も元々可能ではない。

しかしながら、カンギレムが明快に説明するように、ダーウィンの発見の確認は、結局は、メンデル主義によってのみ、生物群に関する遺伝学への、次いで細胞の遺伝学への、最後に——われわれから見て——実験発生学へのその拡張によってのみ可能になるのである。ダーウィンの切断と比較した場合、メンデルの遺伝学——ダーウィニズム内の科学的イデオロギーに反論し、進化の理論を完全に改鋳することを余儀なくする——は根源的な裁可として同時に批判として作用する。ガリレイとニュートンの真理が、その絶対者と存続する「アリストテレス主義」を犠牲にして、アインシュタインによって（あるいは、その原子論を犠牲にして、ボーアとハイゼンベルクによって）説明され裁可されるように、ダーウィンの真理は、その「生物変移論」——それは結局、生物固定論の鏡に映った逆像でしかなかった——のうちに存続する遺伝に関するイデオロギーと目的論を犠牲にして、メンデル主義者たちによって説明され裁可されるのである。

概念の時間

それでは、結論を出すために真理の問いに立ち戻ろう。認識論的な改鋳の本質をなす教訓、それはまず、決定的な諸理論も完全な諸理論もないが、「いつまでも」真である諸概念——物理学上の相対性、自然淘汰による生物学的進化はその特権的な事例である——はあるということである。アインシュタインとメンデルは、回帰を通じてガリレイ、ニュートン、ダーウィンに働きかけることで、彼らの諸概念の真理に「いつまでも」場所を割り当てるのである。

しかし、この真理は、思弁的弁証法としての実証主義に対して逆説的な形式の下でしか、哲学的に思考可能ではない。この真理は虚構的に認識に優越するあらゆる視点（メタ言語学的あるいはメタ歴史的な）を排除するものである。科学的概念の真理は、確かに否定性に属しているが、この真理がそのうちで作用する知的世界の囲いなき否定性にである。それは、その認識論的基準（事後的にしか作用しない）が概念はそれが実現される諸理論が覆されるときに確認されるという事実によって構成される真理である。あるいはまた、前望的な言い方をすれば、概念は際限なく継起する矛盾した研究計画のうちで実現されうるという事実によってその認識論的基準が構成される真理である。「ガリレイの物理学が完成されるのを待つ」とは、その概念の歴史が完成不可能であることを確信しうる点にいたることである。しかし、この性格が明示されるために、時間の終わりを待つことは不可欠でない――改鋳の回帰を待つことは不可欠であるとしても。理論がその原理の水準で現実に脱構築され改鋳され、まさにそのことによって、概念の還元不可能な（そして不可逆的な）側面を解放することで十分である。同時に、この理論は、想像的なものによって深く浸透されてはいるものの、イデオロギーの歴史にではなく、科学の歴史に記されている。アインシュタインによるガリレイとニュートンの「反駁」、遺伝学によるダーウィンのそれは、ガリレイ、ニュートン、ダーウィンを誤謬の博物館に、アリストテレスの自然学、キュヴィエの生物固定論あるいはラマルクの生物変移論の側に追い払いはしない。

別の視点からすれば、改鋳は、科学的な真理を批判的な効果——イデオロギーの代わりに積極的に生産される——とするものを究明するのであって、分割不可能な意味あるいは本質、あるいは概念と命題の論理学的構成あるいは実験の参照により概念、命題に関連づけられた価値を究明するのではない。「いつまでも」真である概念はイデオロギーの領野から決定的に引き離された概念ではない。それは、その改鋳が——その概念を起源の理論から切り離すことで——前科学的なイデオロギーの誤謬（アリストテレス主義がその事例である）と同時に、科学的なイデオロギーの誤謬、あるいはむしろその想像的な内容（機械論がその事例である）を発見する概念である。

科学的な真理効果のこの複雑さは哲学的に重要である。この複雑さは真理の独断論（それ自体が分離している二つの領域としての**科学とイデオロギー**一般という表象の形式——認識の歴史はもはや、その選別を行ない、その境界を再認しさえすればよいだろう——の下にあるものを含めて）とは両立不可能である。この複雑さは、われわれが科学の視点から「イデオロギー」と呼ぶものと、共通のあるいは通俗的な認識として、あるいは「生活世界（*Lebenswelt*）」として指し示されるもののあいだの批判的な区別をも含む。改鋳が切断についてわれわれに教えることは、まず、次のような進歩的な仮説を確認する。科学の概念と論証が関係を断つイデオロギーは、**イデオロギー**一般ではなく、「共通の認識」でもない、という仮説である。それはつねに、理論の領野で想像的なものとして把握される、特定のイデオロギー的な複合体（言葉とイメージ、価値と感情）である。

逆に、「科学の世界」（教育と実践的コミュニケーションの関係が、諸科学によって生産され、多かれ少なかれ認識によって備給されるシニフィアンと装置の助けを借りて組織される世界のことと解されたい）もまた「生きられた」世界（したがって、明証性の世界）ではないということには、いかなる根拠もないのである。ところで、改鋳から切断へと進む回帰する道程は、切断によって生産される真理効果はその当初の対象に閉じ込められないということをわれわれに示す。その道程は別の理論的言明にまで広がり、それにより、間接的には、経験の領野における別のイデオロギー的な複合体にまで広がる――そうした複合体が、アルカイックなもののように思われる、切断以前の過去に由来するのであれ、近代的なもののように思われる、革新、〔つまり〕イデオロギーの代わりに（すなわち、名づけられ、創設された**真理**の代わりに）科学的な諸概念を再び記すことから生じるのであれ。われわれは最後に、この果てしない闘争が科学的実践それ自身のうちで続行されるということ、この闘争がそのものとして不可逆的な真理効果を生じさせるのはそこにおいてであるということを理解する。

われわれは、反省を深めることで、認識論的な切断と改鋳の分析が絶対的な真理と相対的な真理との伝統的な二者択一を破棄すると言いうる。否定的なやり方で、切断の一般的な定義は、科学的認識は、真理効果を生産する限り、「絶対的なもの」としても「相対的なもの」としても思考可能ではないという点に存すると言うことさえできるだろう。実際には、この二者択一は、哲学によって確立された、真理と歴史のあいだの対立——諸科学の理論的実践に投射されている——の副産物である。

ハイデガーが説明したように（しかし、ある意味では、時間を概念の定在とするテーゼと概念の弁証法を時間の表象の批判とするテーゼを一緒に述べるとき、ヘーゲルはこれと別のことを言っているわけではない。そして、スピノザはすでに、時間、持続、永遠性の区別を通じて、同じ「物語」に対する態度を決めていた。最後に、この表象はアルチュセールによる歴史主義の批判の対象そのものである）、この二律背反は、現前、同時性の直線的な編成あるいは散逸としての、時間に関する特定の考え方——実体論的であると同時に主観主義的でもある——を前提としている。この散逸のうちでは、真理は、それ自身を散逸させ、すなわち完全に自らを喪失し、あるいは真なるものそれ自体の一連の仮言的反映と自らを同一視することしかできない。

実際には、科学はこの型の時間のうちでは展開しない過程である。そういうわけで、科学が生産する真理効果は、つねに歴史性と真理のあいだの二者択一のかなたにあるのである。科学は、イデオロギーとのそれ自身の特定の分離の歴史としての、それ自身の歴史のうちで真である。これは、われわれが、時間の客観主義的＝主観主義的な表象に対して必然的に逆説的である仕方で、切断に固有の複雑さを思考することにより、把握しようとするものである。切断はわれわれにとって、まず「出来事」であるように思われるが、それは、その決定的な性格が回帰と宙吊りの結合に要約され、切断に何も保証せずに忍耐を要請し、予示のない先取り（「真なることを言うこと」なしに「真なるもののうちにあること」、原理から出発する代わりに「原理の方へ向かいつつ」論証すること）を要請する出来事である。その後で、切断はわれわれにとって、改鋳の確認を必要とするものであるように、それ自身の批判の事後性においてしか理論的に思考可能でないものであるように思われる。それゆえ、切断はわれわれにとって過程となる（切断と改鋳は、真理に関する二つの出来事をではなく、真理の唯一の審級を形成する）。しかし、目的論的な図式に従ってその物語をつくったりその契機を並べたりすることができない過程となるのである。

そういうわけで、もろもろの「実定性」あるいは「エピステーメー」のあいだの、革命（ダランベール、カント、ラヴォワジエからエンゲルス、コイレ[27]、クーンまでの）、決断あるいは境界画定、不連続性といったカテゴリーはここでは不十分あるいは多義的である。逆に、カヴァイエスにより提出され、数学的活動の「実験的弁証法」という観念に結びついている対立物——予見不可能性と不可逆性、必然性と偶然性——の統一と同様に、バシュラールにより彫琢されたアンチテーゼ——認識論的障害物と認識論的行為、「裁可された」歴史と「失効した」歴史、「断絶」と「改鋳」——は、すべて回帰の観念と実践に依存し、諸科学の真理効果に固有の時間という問題系の支点を構成する。それらのアンチテーゼは、切断がわれわれを対決させる究極的なパラドクスを、少なくとも定式化可能なものにする。科学の時間（その問題、論証、理論の時間、しかしとりわけその「修正」、「改鋳」、科学それ自身が生産する思考されざるものへの帰還の時間）の「開始」（複数的、遍在的な）を際立たせることで、切断は、科学が「一般的な時間」（世界、人間性、普遍的歴史の時間、そこでは進歩あるいは相対的真理の観念が科学を対立物に帰着させんとするだろう――あたかも、科学と歴史が互いを映す鏡であるかのように）から抽出されるという事実をも際立たせる。科学がそこからもろもろの対象と問いを抽出し、それらを概念に服属させることで認識の対象に変形する限りで（すなわち、科学がそうした対象と問いを、イデオロギーから、そしてイデオロギーをとおしてすべての「実践」から抽出する限りで）、科学はそこから抽出されるのをやめないということをさえ、切断は際立たせる。しかし同時に、切断は、われわれが、どのような仕方で諸科学は歴史のうちで働きかけを行なうのか、反復、運命あるいは摂理がではなく、それ自身予見不可能／不可逆的な歴史があるという事実にごく単純に寄与するのかを理解することを可能にするのである。

第四章　真なるもののうちにある？
――ジョルジュ・カンギレムの哲学における科学と真理(1)

一九六四年から一九六五年にかけて、「哲学と科学」というテーマに関する教育番組が放映され、関連する小冊子も出版された。(2) この番組では、アラン・バディウがG・カンギレムに質問し、次のようなやりとりがなされた。

「科学的認識と通俗的認識とを根源的に対置し続けねばならないのでしょうか」。

「そうです、ますますそうなっています。一方で、きわめて入念に仕上げられた数学的理論を欠いては科学的認識はありませんし、他方で、ますます複雑になる道具の操作を欠いても科学的認識はありません」。

「〝科学的認識〟という表現は冗語だとおっしゃりたいのでしょうか」。

「まさにそのとおりです。それこそ私の言いたいことです。科学的でない認識は認識ではありません。〝真なる認識〟は冗語であり、〝科学的認識〟も、〝科学と真理〟も冗語であると、これらすべては同じものであると私は主張したい。これは、人間の精神にとって、真理の外部にはいかなる目的も価値もない、という意味ではありません。そうではなくて、認識でないものを認識と呼ぶことはできないし、真理すなわち厳密さと何の関係もない何らかの生活様式にこの名前を与えることはできない、という意味です」。

こうした断定的な定式化——口頭のやりとりから書き起こされたものであって、書かれたものではない、ということを忘れないようにしよう——は、哲学において、その両語〔項〕が望むと望まざるとにかかわらず超越的なものあるいは絶対的なものを共示するトートロジックな等式（カンギレムはそれを「冗語」と言う）——「神即自然（*Deus sive Natura*）」、「真理即科学（*Veritas sive Scientia*）」——を相手にするたびにそうであるように、そうした定式化に付与しうる二つの意味作用あるいは二つの用法ゆえに、つねに私を当惑させた。実際、われわれはそれを、科学的な活動と客観性のはっきりと境界画定された領野への、真理の支配の批判的な、さらには実証主義的な制限と解さねばならないのか。それともむしろ、科学あるいは諸科学の、真理の領域全体への誇張的な拡張と解さねばならないのか。この領域は揺れ動いているだろう——何らかの構成的な限界によって決定的な仕方で限定されるのではなく、進行中のそれ自身の歴史に即して開かれているだろう。ここで採用されている方針に従えば、この明確化あるいは慎重さ（「これは、人間の精神にとって、真理の外部にはいかなる目的も価値もない、という意味ではありません」）の意味はまったく別のものであるだろう、ということは自明である。とりわけ、あるケースでは、それは科学の傍らの（科学の上のではないとしても）哲学によって占められている場所を対象としうるだろうし、他のケースでは、それはむしろ、いずれにせよ科学を免れ、われわれの存在の最終審級として制度化されることを科学に禁じるものを指すだろう。

同じコンテクストに現われる二つの要素によって、困惑は倍加される。カンギレムは哲学——それは科学認識論と改名されるだろう——に「科学の概念の拡張の方向や規模を定める」能力、したがって科学の概念の「内包を定義する」能力があることを、科学がその理論的合目的性によって他の諸活動（特に産業的活動）から区別される、人間の文化の領域を単に参照することによってではないにせよ、強く否認した。しかし、このことは彼が真理に関して科学認識論的な、それゆえ哲学的なテーゼ、「形式的な意味での真理か、諸現象の解釈における一貫性という意味での真理かがある。別の真理はない」というテーゼを立てることを妨げなかった。カンギレムは次のようにつけ加えている。「難問は、ある所与の時期に、形式的なものは実験的なものが前進するのに奉仕し、実験的なものは実験的なものそれ自体によってよりもしばしば形式的なものによって前進する、ということである」。換言すれば、カンギレムは一般的な科学認識論を素描した——これは彼においてはむしろ稀なことである（私はこの点に立ち戻るだろう）——が、それは実際には否認の形式の下でであった。

著者が——何か彼が定義するようなやり方では——たぶんその著作のうちに含めないだろう定式化を私が不当に強調していると言われるだろう。おそらくそのとおりである。このケースでは、問いを念入りに精査するためのきっかけ——われわれはその真の回答をテクストそれ自体のうちに探さねばならないだろう——が示されているのだと考えよう。それでもやはり、数年の後、カンギレムは、一点に関して明確化を行ないながらも、そうした言葉が自らのものであると認めることを余儀なくされた。『レゾン・プレザント』誌と合理主義者連合により、「構造と人間」に関する会議の一環として、ソルボンヌで一九六八年二月二七日に組織されたディスカッションでのことである。(3) カンギレムはそこで、次のように明言した。

「私は先日、番組を見たすべての哲学の学生を憤慨させたらしい。学生たち、そして多くの教授たちを。〝真理には科学的なものしかない。哲学的な真理などない〟と言ったからです。さて、私には別の場所で言ったことをここで引き受ける用意があります。ですが、真理には科学的なものしかない、あるいは科学的認識についてしか客観性はない、と言ったからといって、哲学は対象を欠いているという意味ではありません（……）。まさしく科学が理論的に、そして実験的に構成するものである科学的対象があるという意味では、哲学的対象はないのです（……）でも、哲学の対象などないと言いたいわけではありません」。

とすれば、哲学的対象はないけれども、哲学の一対象あるいは諸対象があるのか。あえてパラフレーズしてみよう。構成された科学的諸対象があるのとは違い、構成された哲学的対象はないけれども、哲学にとって一対象あるいは諸対象が、すなわちもろもろの問いがある。カンギレムは神経生理学の政治的使用という問いを例に挙げた。

この新たな介入のコンテクストはわれわれに興味深い明確化をもたらした。われわれに明らかになったのは、その無歴史性あるいは反復性によって直ちにそれと知られる非科学あるいは擬似科学とは異なって、任意の科学については、それ自身の歴史が真の科学性にとって構成的である、ということである。より正確に言えば、科学性にとって構成的であるものとは継起する歴史的諸形式――この諸形式の下で、分離不可能な仕方で理論的であるとともに実験的でもあり、概念的であるとともに道具的でもある客観性の諸条件が、客観性を増す秩序のうちで無際限に相互置換可能な、漸進する諸システムへと組織される――である。

以上より、科学的真理の二つのタイプあるいは二つのモード――それらのみが存在する――の先の参照が再解釈されうる。認識理論の関数として諸科学の分類を素描するよりも、知の各時期、各領分における、形式主義と道具化の定義され首尾一貫した組み合わせを内容とする、客観性と歴史性の同一性を真理の領域そのものとして指し示すべきである。これは明らかにバシュラール風のテーゼだが、おそらく明示的な仕方ではガストン・バシュラール〔の著作〕のどこにも現われない――このテーゼから出発して、われわれは今や、厳密な意味でカンギレムの著作と言えるものに立ち返ることができる。少なくともその省察のある時期に、カンギレムにとって科学と真理は同一となる——両語がともに、より本質的な同一性、客観性と歴史性の同一性を対象とする限りで——とわれわれは言うのだろうか。

だがそれにもかかわらず、ここで一つの難問がわれわれを待ち受けている。私は先ほど、一般的な科学認識論という語をあえて用いた——それは哲学あるいは認識の哲学とも言われるだろう。しかし、われわれはその語を非常によく知っており、また、そのような「科学認識論」こそまさに、偶然によってでも時間あるいは機会の不足によってでもなしに、分離した言説の形式で生産することをカンギレムがつねに拒んだものである、ということを知っている。彼にとって、あの本質的な等式を立てるという事実、さらには単にそれを示唆するという事実と、事象そのものにまで進む——歴史と哲学の諸問題をそれらの伝統的な提示〔の仕方〕への批判を介して対象とするために要求される最小限の理論的なもののかなたへと、「科学」を対象とするだろうあらゆる一般的あるいは類的な言説を放逐しつつ——という事実とのあいだには、内在的な結びつきが明らかにある。カンギレムの目にはそのようなメタ科学的言説が「科学的方法」あるいは「実験的方法」の言説と正確に同じ特徴をもつように見えるだろうということを理解するのは容易である——彼は絶えず、この言説が成し遂げられた事実の規範的解釈そして知の歴史性の否認として機能する実証主義的哲学と一体をなしていることを示す[4]。同時に、彼にとっては、現実の二者択一は哲学の放棄と方法論の構築、メタ言語の構築とのあいだにあるのではない――まさに実証主義が示唆するところとは反対に――ということを実際に証明すべきなのである。われわれにとって不幸なことに、これは、カンギレムの哲学的な諸言明が――そして（認識、生命、歴史、技術のいずれが問題であれ）そうした言明は稀ではないのだが――批判と歴史のはっきりと規定されたコンテクストのうちにつねに埋め込まれており、したがってそうした言明をそのコンテクストから分離しようとするやその意味を失ってしまう、ということをも意味するのである。

しかしながらこの状況には例外があり、その可能性の諸条件は論争情況あるいは追想によって提供される。私はとりわけ、G・バシュラールの思想と著作を分析し提示するために書かれたテクストのことを考えている(5)。しかし、われわれはここで、別の難問に遭遇する。カンギレムは絶えず、彼がバシュラールに帰するテーゼを援用する。そのテーゼによれば、諸科学についての批判的歴史、自然主義的でない諸科学の歴史、認識の諸事実を虚構的に記録しうるとは思わないが、科学者が解決しようと努める諸問題の評価、分析のパースペクティヴ、あるいは定義上公理論的手法である真理の探究のパースペクティヴのうちに位置する諸科学の歴史――そのような諸科学の歴史は科学認識論に基づかねばならない。まさに、バシュラールの科学認識論のような、理論的不連続性、知的革新についての実証主義的でない哲学である科学認識論に基づかねばならない。これらのテクストを文字どおりに受け取るならば、われわれはもはや、極限においては、カンギレムに関する省察の代わりにバシュラールに関する省察を行ないさえすればよいだろう。しかるに、これはわれわれのしたいことでは全然ない。というのも、カンギレムの歴史と科学認識論の著作を再読すれば、われわれはその著作が、明らかに反バシュラール的であるわけではないが、バシュラールに借りた諸概念の使用そのものにおいて深く独創的であると確信するからである。それでもやはり、別のタイプのテクストが、カンギレムが自らの責任において諸科学の歴史に関する省察と論議を通じて「真なるもの」のカテゴリーを思考することを余儀なくされたテクストがある。ここでは、私は主として、決定的に重要だと私に思われる三つのテクストを利用したい。

第一のテクストは私が少し前に引いた明言と正確に同時代のものである。一九六四年に発表され、『科学史・科学哲学研究』に再録された講演「ガリレイ――業績の意味と人間としての教訓」のことである。この簡潔ではあるけれども並はずれた緊張感をたたえたテクスト――そのデータはコイレ、サンティヤナ、クラヴラン[1]に借りた――において、カンギレムは、教会がガリレイに提案した理論的な、また政治的な妥協（天文学上の「諸仮説の等価性」の教義）を受け入れるのをガリレイが拒否したことによって提起される倫理的な問題の基礎にある科学認識論的なジレンマを再構成している。ガリレイの作業は同時に二つの主な方向で展開する。一方は、数学的に表現された物理学の第一の不変式（自然についての古代のあらゆる知覚と両立不可能なテーゼ

——運動とは無際限に自己を保存する事物の状態である——を含む）の言明から出発して、革命的力学の基礎を据える、という方向である。他方は、コペルニクスのテーゼに一群の証拠、観察による証拠（レンズの科学的使用——かくして、それは望遠鏡に変形される——による）と、物理学的な、またそれによって論証的な証拠をもたらす、という方向である。カンギレムを引用すれば、

「ガリレイはオシアンダーによるコペルニクス解釈〔2〕——アリストテレス派の哲学者とカトリックの神学者がそれに甘んじてきた解釈——を拒んだ。コペルニクスに忠実に、彼は太陽中心説が物理学的真理として真であることを確立することを自らの使命に定めた。しかし、彼固有の天才は、新たな運動理論、ガリレイの力学が、いまだ促進さるべき物理学的真理、コペルニクスの天文学をアリストテレスの物理学〔自然学〕と哲学に対する根源的で全面的な反駁として基礎づけるだろう真理のモデルを提供することに気づいたことである。この使命を追求しているからこそ、ガリレイは教会に自らコペルニクスを断罪するように強いたのである」。

しかし、カンギレムは続ける。

「われわれは、ガリレイの物理学的論拠には（……）彼がそれに帰する証拠としての価値がないこと、特にガリレイが、ティコ・ブラーエによって要求された、地球の運動の裏づけ

となる証拠をもたらすにいたらないことを指摘した人々の言い分を認める（……）。ガリレイによる実験のいかなるものも（……）計算上の予測を確証するのに成功せず、いかなる実験も彼がそうでないのと同じ程度にアリストテレス的でない科学者をすら説得するのに成功しなかった（……）。他方で、コペルニクスの体系を課するはずの物理学的証拠、恒星の視差の測定（……）がブラッドリーによって部分的に提供されたのは一七二八年になってからであり、それが完全に提供されたのは一九世紀になってからである（……）。

それでも、アレクサンドル・コイレとともに、ガリレイこそが真なるもののうちにあるのだと言おう。

真なるもののうちにあるとは、つねに真なることを言う、という意味ではない[6]（……）」。真なるもののうちにある。注目すべき、そして注目されてきた定式である。われわれの最初の問いに立ち戻れば、この定式は、「真なるもののうちに」あるとは「科学のうちに」あることである、ということを含意するのか。ここで改めて検討すれば、どのような方針に従ってそれを解する必要があるのだろうか。しかし、まず、少なくとも隠喩的に、一空間、一領野、諸境界をおそらくは示唆する、この「うちに」をどのように解釈するのか。一九七〇年、『言説の秩序〔言語表現の秩序〕』において、ミシェル・フーコーは、カンギレムを引用、援用しつつ、それについての解釈を提出した。

「各々の学問分野は、その諸限界の内部で、真なる命題と偽の命題を認識する。しかし、各学問分野はその範囲の彼岸へと知の畸形学の全体を斥ける。科学の外部は、そう思われているよりも多くの、また少ない人数で占められている。もちろん、直接の経験、記憶を欠いた信念を絶えず担い、更新する想像的なテーマもある。しかし、おそらく、厳密な意味での誤謬などない。というのも、定義された実践の内部でしか、誤謬は出現し決定されることができないからである。その代わりに、その形式が知の歴史とともに変化する怪物たちが徘徊している。要するに、一学問分野の総体に帰属しうるためには、一命題は複雑で重大な諸要請を満たさねばならない。真あるいは偽であると言われうる前に、命題は、カンギレム氏が言うだろうように、〝真なるもののうちに〟あらねばならない」。

この議論の知解のためには、その後に続くページも引用する必要がある。

「一九世紀の植物学者あるいは生物学者はどのようにしてメンデルの言うことが真であることを見ないでいられたのかとしばしば問われてきた。しかし、これはメンデルが彼の時代の生物学には異質である諸対象について語り、そうした諸方法を働かせ、そうした理論的地平に身を置いたからである。なるほど、メンデルより前に、ノーダンが遺伝的形質は非連続的であるというテーゼを立てていた[3]。とはいえ、この原理がどれほど新しかったり奇妙であったりするとしても、それは生物学的言説の一部を――少なくとも謎の資格で――なしえた。

メンデルはと言えば、それまで決して利用されたことがなかった選別のおかげで、遺伝的形質を絶対的に新しい生物学的対象として構成する。彼はそれを種から切り離し、それを伝達する性から切り離す。そして、彼がそれを観察する領野は、それが統計学的な規則性に従って現われては消える、諸世代の無際限に開かれた連鎖である。これは、新たな概念的道具を求め、新たな理論的基礎を求める新たな対象である」。

そして、フーコーの結論は次のとおりである。

「メンデルは、真なることを言ったけれども、彼の時代の生物学的言説の〝真なるもののうち〟にはいなかった。生物学の対象と概念が形成されたのは、その種の規則に従ってでは少しもない。メンデルが真なるもののうちに入り、そうして彼の諸命題が（大部分）正確だと思われるためには、生物学における尺度のまったき変化、まったく新しい対象の平面の展開が必要であった。メンデルは真の怪物だったのであり、このことは科学が彼について語りえないという事態を引き起こした――これに対して、例えばシュライデンは、それより三〇年ほど前、一九世紀のただなかに、植物の性を否定しつつ、しかし生物学的言説の諸規則に従って、学問化した誤謬をしか定式化しなかった[4]。野生の外在性の空間で真なることが言われるという事態はつねに生じうる。しかし、自らの言説の各々において再活性化せねばならない言説〝統制〟の諸規則に従いながらでしか、真なるもののうちにはいない。学問分野は言説の生産の制御原理である。学問分野は、諸規則の永続的な再現実化という形式をもつ同一性の働きによって、この生産の諸限界を定める」[7]。

なるほど、この分析はそれ自体として議論に値するだろう——それは本稿での私の対象ではない。しかし、この分析がカンギレムの定式化の意味を反転させるにいたるのは明らかであるように私には見える。実際、カンギレムが言ったのは、ガリレイがそのときすでに——その敵対者たちとは異なって——構成された学問分野の諸限界のうちにいたということ、ガリレイが諸言明の有効化を許すある諸規則の諸規範と「言説統制」に、それゆえ真なるものと偽なるもののあいだのある分割のモードに従っていたということ、ではない。要するに、カンギレムが言い、そして言いたかったのは、ガリレイの真理は理論的そして制度的な諸条件に相対的である——そうした条件は回顧的には必然的なものとして発見されるだろうが——ということではなく、反対に、ガリレイは、諸規則をもたぬまま、後になって裁可されるだろう真理の普遍性の体制を先取りしていた、ということである。これは、プトレマイオス主義、アリストテレス主義、そしてカトリック神学によって確固たるものとされたそれらの結合の体系的な誤謬とは絶対的に両立不可能な体制である。ガリレイにとっては、この現実の先取り——とはいえ、これは「先駆者」の虚構とは完全に区別される——のうちにこそ、「真なるもののうちに」あるという事実は存するのである。

『正常と病理』から『生命の認識』における細胞理論の歴史に関する試論を経て『反射概念の

形成——一七世紀と一八世紀における』にいたるカンギレムの以前の著作についてのわれわれの認識から出発して、この難問について省察を加えるならば、われわれには、まったく別の解釈ならば彼を「正常科学」という観念の一つのあるいは別のヴァリアントへと導いていただろう、ということがよくわかる。科学を、生命の世界の内側で、人間という生物によって担われながらも、生命が生物に提起する諸問題の解決を可能にするためには生命と区別されねばならない知性の冒険——まさしく理論と呼びうるものであり、正常性のではなく、規範性の等価物である——とすることによって、(それがその名前を受け取る前にさえ)カンギレムは絶えずこの観念と戦ってきたのである。しかし、なかんずく、カンギレムの記述によって導き出される科学認識論の「枠組み」は、共時的ではなく、空間的な隠喩が可能であるわけでもない、ということがわれわれにはわかる。その枠組みは時間の様相としてしか思考可能ではなく、それが表わす問題は、ガリレイが確信していること——コペルニクス主義の客観的あるいは現実的な真理——と彼が論証できることのあいだの「懸隔」にわれわれがどのような内容を指定せねばならないのかという問いに要約される。

　この点について、カンギレムはわれわれに何と言っているのか。相伴うとしてもはっきりと区別される二つのことを言っている。第一に、「宇宙の諸次元にまで」「数学的物理学の第一の法則を言明することを可能にした計算能力」に基づく証明を、すなわち完全な数学的物理学の構成を最終的にはもたらしうるという意識をガリレイはもっていた、とカンギレムは言う。そして、これは現実に起こるだろうことである――われわれはそれを知っている――が、やはりカンギレムを引用すれば、そうすることで、ガリレイは、「彼の人間存在において、知の無限の主体としての人類の時代を要求する、諸経験の測定と調整という無限の任務を自ら引き受けていた」のである。換言すれば、ガリレイはそれを想像し、自分が科学の主体であると想像していた。しかし、ここに第二の側面がある。この無限の任務を、ガリレイは有限なものと想像する。換言すれば、彼は「真なるもののうちに」あると同時に誤謬のうちにもある。これはとりわけ、彼がコスモスについての「円軌道論的」表象で満足するからである（これはケプラーが提出するものにガリレイが注意を向けない理由の一つであり、ケプラーの諸概念は、彼がそれと知りうることのないまま、ガリレイの諸概念を補完し、要求される「証拠」の本質的な部分を提供するのである）。

結局のところ、なるほどそこにカンギレムの最も深いテーゼがあり、「真なるもののうちにある」とは真なるものの時間に照らして不均衡のうちにあることである。それは、真なるものと同時代的なものであること、あるいは真なるものに（真なるものの「現前」に）立ち会っていることではなく、真なるものよりも進んでおり、同時にそれに遅れていることである。したがって、それは真ならざるもののうちにもあることである。ガリレイの状況を記述するカンギレムの二つの定式化（「つねに真なることを言うわけではない」、「真なるもののうちにある」）のあいだ、われわれはそこに、制限的関係あるいは偶然的並列ではなく、厳密な含意を発見する。「真なるもののうちにある」ためには、潜在的にでさえ、真なるものの支配圏（その「統制」を伴う）、あるいは真なるものの支配が及ぶ諸領分の一つ（構成された科学的学問分野の一つ）であるだろう一領野の諸限界の内部にいるどころか、不安定で論争を呼ぶ――別の場所で、カンギレムは傲慢なと言うだろう――仕方で、真ならざるもののうち、あるいは誤謬のうちにいることもできる必要がある。あるタイプの誤謬のうちに、である。そのとき、われわれの等式（科学＝真理）の彼岸へと再び赴くことで、「科学のうちに」あるとは、非＝科学のうち、特定のイデオロギーのうちにあることでもある、とわれわれは言うのだろうか。

本稿では現在までいかなる役割も演じず、異質な哲学から「送り込まれた」ように見える術語をなぜ用いるのか。この術語は第二のテクストの読解によって示唆されるのであり、その助けを借りて私は議論を続けたい。論文集『生命科学の歴史――イデオロギーと合理性』に収録された「科学的イデオロギーとは何か」という一九六九年の論文のことである――この論文は論文集のタイトルを決めるのに寄与した[8]。この論文は理論的にはこの論文集の強力な契機であり、多様な例証と敷衍がそれを中心として組織される。なかんずく、この論文は、ただ真理の歴史であるだけの真理の歴史などありえない、ただ科学の歴史であるだけの科学の歴史などありえないという観念に収斂する、この著作のなかに撒き散らされた指標の長い連鎖の到達点を表わしている[9]。

この二つの定式化は完全に等価であるわけではない。第一の定式化は内的な矛盾を指し示している。「真理の歴史をしかつくりたいと思わなければ、見せかけの歴史をつくってしまう。ズホドルスキー氏[5]はこの点に関して正しい。ただ真理だけの歴史は矛盾した観念なのである」。とすれば、歴史が矛盾した計画にならないようにするための唯一の手段とは、歴史のうちに、そして真理のうちにさえ矛盾を入り込ませる——「誤謬」と「真理」が、並置されているのではなく、カンギレムが少し前に「失効した歴史」と「裁可された歴史」というバシュラールの語を用いて言ったように、「分離していると同時に絡み合っている」、という意味で——ことである。われわれの第二の定式化——科学の歴史はただ科学の歴史だけであることはできない——は外在的な条件を、そして二重の外在的な条件——科学が自らをそのなかの一実践、一経験、一制度として描出する、諸実践、諸経験、諸制度の側の、また「全体性への直接の接近に対する無意識的な欲求」の側の——をさえ、指し示している。これは並はずれた定式であり、この術語が許されるならば、この定式のうちに認識の欲望の主体そのものが認められるだろう——これは、科学の普遍的で非人称的な主体ではないが、それにもかかわらずそれから決して分離可能ではない。

内的そして外的な、これらの多様な規定が遭遇する点、そこにカンギレムが、マルクス、アルチュセール、フーコーと比べて綿密な境界区分の作業の果てに「科学的イデオロギー」と呼ぶものが出現する。階級の政治的イデオロギーには還元不可能な科学的イデオロギー、偽科学と反＝

科学（宗教）とから区別され、同様に科学研究者（あるいは科学者）のイデオロギーからも区別される科学的イデオロギーについて、カンギレムはいくつかの事例――原子論、遺伝学、進化主義――を与えている[10]「カンギレムがその前期の著作で長い年月をかけて取り組んだ生気論は、あるいは少なくとも生気論のさる側面（有機体論）は、この意味で、同様に「科学的イデオロギー」ではないだろうか。どうすればこうした語でコペルニクス以前の天文学的そして宇宙論的な地球中心説をも思考しようと試みずにいられるのか」。カンギレムは、このイデオロギーが、「認識の空間」の外部でではなく、そのなかで、逆説的ではあるものの必然的な場所を占めている、ということを示す。そして、結論の代わりに、科学的イデオロギーに関する三つのテーゼ――同時にその構成と機能とを解明することを目的としている――を言明する。

「(a)　科学的イデオロギーは、借用により対象に適用される科学性の規範と比較すれば、その対象が誇張的なものである説明の体系である。

(b)　科学が制度化されることになる領域では、科学以前につねに科学的イデオロギーがある。このイデオロギーが斜めから対象とする、側面の領域では、イデオロギー以前につねに科学がある。

(c)　科学的イデオロギーは偽科学、魔術、宗教と混同されてはならない。確かに、科学的イデオロギーは、それらと同じように、全体性への直接の接近に対する無意識的な欲求に突き動かされているけれども、それはすでに制度化されている科学の側を妬ましげに眺める信仰なのである。科学的イデオロギーはすでに制度化されている科学の威信を認め、そのスタイルを模倣しようと努める」[11]。

かくして、科学的イデオロギーは科学性のモデルの「傲慢な」（誇張的な）拡張である。科学的イデオロギーは、このモデルを支え、真理の規範を存在させる諸概念（ここで分析される事例では、「自然淘汰」、「個体発生と系統発生のあいだの対応」等の概念がそれである）の適用の諸条件のかなたへと真理の規範を移し入れる。この拡張によって、客観性は失われ、われわれは言ってみれば真理の潜在性から誤謬の潜在性のうちに移行するのである。

それでもなお、この拡張は真理の歴史の、またそれによって科学的認識の歴史の決定的な契機として提示される。実際、この拡張がなければ、一領野さらには一学問分野から他のそれへの諸概念の移動あるいは輸出など決してありえないだろう。カンギレムにとって、これは説明におけるあらゆる進歩の一般的な形式であり、あるいは少なくともその前提である。これは根本的な観念――それに従えば、知の典型的な諸単位は、「諸理論」ではなく、「諸概念」である――と相伴う。あるいは、こう言った方がよければ、それに従えば、諸理論のうちで、戦略的な要素――それを中心として「真理の諸可能性」が争われるけれども、循環、「自然化」、変形の実際上無限の過程のうちに入るのでもある――は概念であることになる観念と相伴う。バシュラールとカヴァイエスの科学認識論の後にあって、カンギレムの科学認識論はすぐれて概念の科学認識論である（そして、「諸理論」の科学認識論ではない）というだけでなく、カンギレムは「概念」とは何かという問いを再び俎上に載せる、あるいは「概念」の概念を構築しようと努める同時代の稀有の哲学者の一人なのでもある[12]。

諸概念の循環（すなわち翻訳、転位、一般化）のうちで、概念の適用あるいは「作業」が実施され、その真理の検証と裁可を可能にする。それにもかかわらず、同様に――カンギレムのかつての示唆を再び取り上げれば[13]――、傲慢な拡張は諸概念自身の起源の領野における諸概念のドグマ化とも相関的であると想定することもできる。すなわち、多義性の、諸概念が包含する分岐した解釈の可能性の――一時的な――消去とも相関的であると想定することもできる。この点に関して、「向心力」の「決定論的」教義の一義性へと『プリンキピア』と『光学』の因果的思考を連れ戻す、ニュートン以後の機械論という明白な事例をも見よ。認められた科学認識論上の境界のかなたにまで一概念の使用、射程を誇張的に「延長する」ためには（そして、この種のあらゆる拡張は、形式的なものであろうと想像的なものであろうと技術的なものであろうと、まずは類比によって支えられる）、実際にはその理論的な諸潜在性のなかから選択を行なう必要がある。とすれば、概念を「概念＝問題」から「概念＝解決」へと再変形する必要がある[14]。矛盾は直ちに生じるのである。

しかし、カンギレムはさらに遠くまで進む。彼は、科学的イデオロギーが、概念の創造あるいは「真理の事実」に後続するだけでなく、つねに科学の創造に、すなわち認識論的断絶あるいは切断に先行してもいる、ということを示唆している。科学が制度化されるために関係を断つことができるのは、任意の誤謬あるいは誤謬の織物とではなく、任意の理論とでさえなく、それ自体がすでに科学のイデオロギー化の結果であるイデオロギーとである。すでに一科学的概念の、あるいはスピノザが言ったような「真なる観念」のイデオロギー化であるイデオロギーとであることを私は示唆したい。例えば、ダーウィン、メンデルは、機械論的科学のイデオロギー的拡張に少なくとも部分的に立脚する、環境あるいは遺伝の概念と関係を断った。ガリレイはその諸概念(何よりもまず「自然の場所」の概念)が宇宙の第一の幾何学化のイデオロギー化と一体をなす力学と関係を断った。

これは、一見したところ奇妙な、さらには矛盾した観念である。科学性そのものには始まりがないけれども、つねにすでに科学性とイデオロギー化の弁証法が、あるいはさらに言えば、認識にとって構成的である、概念のイデオロギー化と脱イデオロギー化の弁証法がある、ということをこの観念が示唆するだろうからである。しかし、われわれはまた、カンギレムの諸命題(この点では深くスピノザ的である)はわれわれが科学性の絶対的な始まりを思考することを可能にしないと言って、それを解釈することもできる。カンギレムの諸命題が思考することを可能にするのは、ただ科学性の無限の過程、その再開あるいはその展開だけである。これは彼の諸命題の弱さなのか。それはむしろ、その強さではないのだろうか。カンギレムとともに、科学認識論は真に「諸起源」の問題――科学の諸起源が問題であれ、実証性の諸起源が問題であれ、つねに「境界区分」の問題系ならびに「切断」の問題系につきまとう――に別れを告げる。科学認識論はもはや、知の歴史性の再認と、そのような歴史性は絶対的に知の相対化を排除するがゆえに「歴史主義」ではない再認と一つになっているのである。私はカンギレムがオーギュスト・コントのあるテーゼ、とりわけ「神学的なもの」の支配力は決して全体的なものではなかったという観念に寄せるつねに変わらぬ関心をこの意味に解釈するのが間違っているとは思わない。

この点を明確にするために、第三のテクスト、一九七四年に公刊された『百科全書』の「生命」の項目に拠りながら、イデオロギーに対する認識の関係のなかで争われているものをよりよく理解することを試みよう[15]。この綜合的なテクスト（カンギレムはそこに多数の調査と読解の結果を集めた）はわれわれが「認識論的障害物」というバシュラールの観念はどのようにして科学的イデオロギーの問いとの必然的な関係のうちで最終的に改鋳されえたのかを理解することを可能にする。「生命についての科学的認識に対する障害物」についての問いを提起することで、このテクストは「同時代のフランス科学認識論が、一般に、認識に対する障害物の起源と機能様式に関心を寄せているのは、ガストン・バシュラールの著作のおかげである」ことを想起させる。そのとき、フロイトにより近いと同時に生物学的認識の諸問題に直接適合するパースペクティヴのうちで、「客観的認識の精神分析」というバシュラールの観念を加工しつつ、このテクストは、三つの大きな「コンプレックスの対象」――変身欲望、自然的発生の神話、人間という生物による動〔物という生〕物の利用への技術的関心――の記述を中心として、知の客観性と人間という生物の価値観のあいだに回帰する衝突に関する自らの省察を組織する。これらのコンプレックスの各々は、それぞれの仕方で、「物質の認識の諸方法の生命への拡張は、われわれの時代にいたるまで、繰り返される抵抗に遭遇してきたが、そうした抵抗は、つねに感情的な本性をもつ嫌悪をだけ表現していたわけではなく、ときとして、逆説的な希望の、当初権力を否定する仮説から出発して形成された諸概念と諸法則の助けを借りて権力を説明するという希望の、省察の末の拒否をも表現していた」ことを説明する。

換言すれば、生物学の理論は、生物を自然現象の普遍性に連れ戻す分析的な説明と、生物を自然のなかの例外として知覚する(そして、結局は、「死の特権」として提示されるだろう)特異な経験のあいだの衝突を決して免れてはいない。

そのとき着手される、生命についての偉大な理論的概念構成――生気としての生命、機械としての生命、有機的組織としての生命、情報あるいはコミュニケーションとしての生命のように、(16)

時間のうちで秩序づけられると同時に諸観念の歴史のうちに回帰するのでもある——についての研究はそのような「コンプレックス」がそのつど一つの生命の定義の構築の根底に現存することを示すだろう。というのも、生物についての単なる記述あるいは分類とは区別される、生命そのものについての概念構成あるいは概念形成——世界についての概念構成〔世界観〕でもあるというのでない——などないからである。逆に、あらゆる世界についての概念構成〔世界観〕、あらゆる「人間の経験の全体への拡張」[17]はたぶん、その単純性と絶対的な必然性の錯覚を基礎づけるためのものを、無意識的な力——誕生、生命そして死、個体あるいは種の諸限界の侵犯といったいくつかのコンプレックスがそうした概念構成、拡張に伝達する——のうちにしか見いださないだろう。しかるに、「生命の諸定義」（まさに**イデア**——魂の**イデア**、機械の**イデア**、有機的身体の**イデア**等——である）はカンギレムが以前に「科学的イデオロギー」と名づけたものと根本的に異なるわけではない。[18]少なくとも、「生命の諸定義」はカンギレムが「科学的イデオロギー」と名づけたものから歴史的に分離不可能である。というのも、あらゆる「科学的イデオロギー」のうちには、なかんずく真に時代を画する科学的イデオロギーのうちには、「生命の定義」——例えば、個体性それ自体としての、自己可塑性を備えた有機組織としての——が、その条件、概念的一般化の源泉として、あるいはその対象、その副産物として、現存するからである[19]（この点では、カンギレムとその共同研究者によってたいへん詳細に研究された進化論のケースは完全に説得的である)。そして、これは何ら驚くべきことではない。というのも、「全体性への直接の接近に対する無意識的な欲求」は、生命あるいは生物の図式が認識主体たる個体の表象と宇宙の表象を少なくとも類比的に同質化するために介入することなしには、理論的境位において表現されえないからである。カンギレムがしばしば示したように、[20] あらゆる「生命」の定義は、どれほど自らが実証的かつ実証主義的であることを望むとしても、少なくとも、それが——諸認識の所与の状態において、またそれに対応する言語という手段を用いて、その特殊性を言明するために——生命よりも多くのものを、いずれにせよ生物の普遍性のかなたを必ず対象とせねばならないという意味で、「イデオロギー的」である。したがって、それは生物に共通の「属性」である限りでの生命の傍らを対象とせねばならないのである。

しかし、同じ分析はわれわれに「科学的イデオロギー」に関する別の視座をもたらす。一九六九年の論文は、一八世紀における遺伝についての言説の「性的服従、父子関係、血統の純粋さ、貴族制の正統性についての法的な問題」との関連を、あるいはスペンサーの進化主義の「一九世紀のイギリス産業社会における技術者の計画、〔つまり〕自由な事業、それに対応する政治的個人主義、競争の正統化」との関連を示すことで、すでに科学的イデオロギーの場所を標示していた。なるほど、科学的イデオロギーは、直接的に「階級のイデオロギー」ではなく、あるいはより一般的には社会=政治的イデオロギーではなく、「虚偽意識」のモード、正統化の言説のモードに基づかない。だがそれにもかかわらず、すべてのケースにおいて、科学的イデオロギーは社会の表象、その権力をめぐる衝突の表象とその歴史の表象によって重層決定されていないのかという問いが確かに提起される――その最良の事例は、諸器官のあいだの分業という語による、あるいは細胞の社会という語による有機体の解釈である。次いで、今度はこの解釈が社会を有機体として思考することを可能にするのである。

「コンセンサスが連帯と同一視された瞬間から、有機体あるいは社会について、どちらが他方のモデルであり、あるいは少なくともその隠喩であるのか、もはやわからない」[21]。

科学的イデオロギーの、社会＝政治的イデオロギーそして神学＝政治的イデオロギーとの必然的な関連、そこから経験の全体化への別の傾向が生じる。カンギレムはそれを、コンプレックス、生命の定義、世界についての概念構成〔世界観〕のケースにおいてのように、欲望と抵抗の無意識的な関連としてではなく、むしろ暗黙的で目的論的な前提の関連として提示した。「分化の法則は国家に抗する個人にもたらされる支持で終わる。しかし、この法則が明示的にはそれで終わるとしても、それはおそらく、この法則が暗黙裡にそれで始まったからである」。これは「現実的なものに対するその現実的な関係を誤認する」別の仕方であり、「イデオロギーとは認識が対象に肉薄していると思うだけいっそう所与の対象から遠く離れている認識である」[22]というのが真であるならば、認識するためにはそれと手を切る必要があろう。かくして、カンギレムによって知的で歴史的な形成物として再考されるような認識論的障害物の多次元的な構造が補完される。その認識の作業は、われわれが回帰的な仕方で諸概念の拡張に対する（それゆえ、分析的説明、分析的言説性に対する）三重の関係——想像的なもの、社会における人間の実践的な対象、人間という生物に固有の知への（あるいは非知への）欲望に対する関係——を同定することを可能にする。

これらの命題を想起させ、自らの責任においてそれらを同じ進行方向に組み込むことで、私は最初に提起された問題を見失わなかったか。見失っていない、そしておそらく、今やわれわれにはいくつかの回答の要素をそれにもたらす手段があるように、私には見える。というのも、これらの命題は同時に認識の歴史についての概念形成と真理（あるいは、真理の生産——真理はそれと不可分であるように思われる）に関するテーゼとを内包していることが窺われるからである。

概念の作業を特徴づけるために、私は先に「イデオロギー化／脱イデオロギー化」という対を提出した。思考が未知なるものに向かって進むまさにその瞬間に、言語の境位のうちで、想像的なもの（種、個体、制度というそれ）の支配力に未知なるものをさらす、思考の不断の運動のことと解されたい。しかし、これは最終的に、まさしくこの想像的なものを概念的な批判と入念な精査に差し出すためである。かくして、科学史における科学は、反復を免れてはいるもののその終わりを指定することが不可能な無限の過程であり、これは、客観性によってそこから解放されうるようにと、思考の「内的」諸条件（無意識的なものであれ、暗黙的なものであれ）を外在性と言説性のうちに投影する。

それゆえ、科学＝真理という等式に内在する弁証法を私がそれによって表現しようとするだろう「展開された」定式、カンギレムが必ずしも言明することなしに実践したような定式は次のようになる。

科学＝（歴史性＝（イデオロギー化／脱イデオロギー化）＝客観性）＝真理

対立物（イデオロギー化／脱イデオロギー化）の一致と分裂はこの等式の中心そのものである。そのため、私はカンギレムが（バシュラールとは異なって）あまり利用しないけれども、忌避するわけではない「弁証法」という言葉で語るのである[23]。それは知的な作業の限界であり、誤謬の危険、かくしてまたそれ自身の修正の危険に身をさらすことなしに「真なるもののうちに」あることの不可能性を標示している。それはまた、逆に、イデオロギーがそれ自体と同一的なままであり、思考がイデオロギーのうちで休らうままである、すなわち認識しないでいることの不可能性の標識でもある。以上のようであるとすれば、「科学と真理、それは同じものである」と言うことは、この二つの語のいずれもが不変の本質を決して包蔵しえないことを表現する最も適切な仕方ではないのか。

「真なるもののうちに」あるためには、科学のうちにあること、科学の作業と危険のうちにあることが必要であるならば、それは科学がそれ自体を思考する唯一の思考、唯一の「思考の思考」――その誤謬を用いてそれ自身の諸条件に関して発見すべき新たなことがいつでも科学には残されているという一点において他と異なる――であるからだろう。「構想、誤謬、それらは思考の標識である」とカンギレムは書いた[24]。いずれにせよ、科学はその内的な障害物が最終的には可能性の諸条件となりうる唯一の思考である。科学は、それ自身の外的で偶然的な可能性の諸条件の位置を移動させることによって、それらを別の場所で、思考の必然的な「諸対象」として再び取り上げることを希望しうる唯一のものでもある。そのため、科学は（経験、生命、思考の）すべてではなく、その全体でもないとしても、それでも、科学がそれ自身の活動を含めてすべてを外在化しうる――一挙にではなく、「知の無限」のなかでだけだが――まさにその限りで、潜在的にはいかなるものも科学にとって外在的ではないと言うことができるのである。

訳注

はしがき

〔1〕ヘーゲルにとって、自己を外化させた精神が、その外化された自己を自らに取り込み内面化して真の自己を回復することは、精神が自らのさまざまな経験を記憶のうちに保存し内面化することと同じである。この両方の意味を込めてヘーゲルはErinnerungというドイツ語を用いるのである。

第一章　真理の制定

〔1〕フランス語の原語はcertitude moraleであるが、これは、スピノザが『神学・政治論』において用いるラテン語certitudo moralisのフランス語訳と思われる。そこで、畠中尚志訳『神学・政治論』（岩波文庫）の訳語を用いて「心性的確実性」と訳した。これは、本性上確実性を自らのなかに含む「数学的確実性」にまではいたらないが、人間としてても信じられないようなものでない事柄については、それを「解し得る事柄、明瞭な事柄」として受け入れてよい、ということである（前掲書・上巻の九一、二六二頁、二九〇頁訳者注13、さらに下巻の一五六頁を参照していただきたい）。したがって、神の啓示を受け取る預言者の預言は、それを彼らが「心性的確実性」をもって受け入れれば、そしてその預言を『聖書』において読むわれわれが同じく「心性的確実性」をもって受け入れることができるならば、彼らの預言は信じるに値するものである、ということになる。

第二章　真理の場所／真理の名前

〔1〕原文は、Herbert de Cherburyとフランス語表記されている。イギリスの軍人、外交官、哲学者のEdward Herbert, 1st Baron Herbert of Cherbury (1583–1648) のことで、イギリス理神論の祖と呼ばれる。主著は『真理について（De Veritate）』（1624）。

〔2〕『学説彙纂』（フランス語原語は le Digeste）は、五二七年に即位した東ローマ帝国皇帝のユスティニアヌス帝の命によって編纂された「ローマ市民法大全（Corpus Iuris Civilis）」の一部をなす。この「ローマ市民法大全」（「ローマ法大全」と略称されることが多い）は、『勅法彙纂』、『学説彙纂』、『法学提要』、『新勅法』の四部から成り、皇帝たちの発した勅法や過去の古典期法学者たちの学説などを編纂・整理したものである。このうち、学説を集めた部分のことを『学説彙纂』という。

〔3〕二重の真理　神学上の真理は哲学上の真理とは限らず、両者は並存するという主張。ドゥンス・スコトゥス（1266–1308）やウィリアム・オッカム（1290–1349）により唱えられるようになった。

第三章　切断と改鋳

〔1〕*analogia naturae*　『プリンキピア』第二版第三篇の冒頭で、哲学的推論の規則の一つとして、類比の原理が挙げられる。「自然の同種の事象の原因は同じ原因に帰着する」（後の版で「可能な限り」という語が挿入される）。自然の単純性の原理と並んで、自然科学の理論の構築の一般的な原理を表わすものと言われる。

第四章　真なるもののうちにある？

〔1〕Giorgio Diaz de Santillana（1902–74）　イタリアの科学史・科学哲学者。後にアメリカでも教える。史実の徹底的な調査に基づいて書かれた一九五五年の『ガリレオ裁判』は、その内容が当時世間を騒がせていたルイセンコやオッペンハイマーの事件と重なることもあって、大きな話題を呼んだ。

Maurice Clavelin（1927–）　フランスの科学哲学者。『ガリレイの自然哲学』、『コペルニクス主義者ガリレイ』などの著作がある。

〔2〕Andreas Osiander（1498–1552）　ドイツの聖職者。ルターの宗教改革運動に共鳴し、ニュルンベルクでの運動の指導者となる。レティクスの仕事を引き継ぐかたちで、コペルニクスの『回転について』の出版を援助するが、その際、独断的に、太陽中心説は仮説にすぎないという趣旨の序文を、原著者によるものであるかのように挿入した。ケプラーがこのことを明らかにしたのは、ようやく次の世紀になってからである。

〔3〕Charles Naudin （1815－99） フランスの植物学者。遺伝質がどのように伝えられるかを研究。メンデルに先立ち、性細胞中での遺伝質の分離に関する基本原理を提示した。

〔4〕Matthias Jacob Schleiden （1804－81） ドイツの植物学者。細胞説の提唱者の一人。法律を学び弁護士となるが、植物学に転じる。一八三七年の『植物発生論』で初めて唱えられた細胞説とは、生物を構成する基本単位は細胞であり、それは独立した生命活動を営む微小生物であるというもの。後に、生物界、無生物界を問わず自然現象を支配する力はただ一つであると主張するにいたる。

〔5〕Bogdan Suchodolski （1903－92） ポーランドの思想家。教育学研究で名高い。著作に、『教育学と大きな哲学的潮流』、『人間の哲学の発展』など。

政治哲学と科学哲学――訳者解説

一　バリバールにおける政治哲学と科学哲学

エティエンヌ・バリバールといえば、アルチュセールやデリダの名と結びついたフランス現代哲学を代表する人物であり、マルクス、スピノザ、ホッブズのとりわけ政治思想に関する博識で手堅い、けれどもインパクトのある読解をベースにした独自の政治哲学がまずは思い浮かぶ。日本でもこの方面でのバリバール思想の紹介や著作の翻訳が今のところは主である。けれども他方では、カンギレム、バシュラール、カヴァイエスらに代表される現代フランスの科学哲学にも精通しており、さらにはフレーゲ、ヴィトゲンシュタインらの論理学的な言語・科学哲学についても独創的な解釈を試みている。このような多方面での仕事は彼のなかでどのように結びついているのだろうか。彼の論文のどれをとっても、この結びつき――しかも、アルチュセールやデリダなどの哲学の影響を受けながら、哲学的に厳密に練り上げられた結びつき――が基本にあることをうかがい知ることができる。本書は、この結びつきを彼自身が主題として展開した、おそらくは唯一の著作である。その意味で本書は、バリバール自身が自分の哲学の基礎を反省し、定式化しようとしたもの、つまり彼の哲学の基礎論であると言うことができる。

けれども、アルチュセール、デリダらの思想を受け継ぎながら、マルクス、スピノザ、ホッブズらと、カンギレム、バシュラールらと、フレーゲ、ヴィトゲンシュタインらとを一貫した哲学のなかで結びつけるとは、おそろしいまでに複雑で困難な作業である。そしてバリバールは本書でまさしくそれに挑んでいる。本書がバリバールの著作のなかで最も難解なものの一つとなっている大きな原因は、ここにあると考えられる。

二　ホッブズとスピノザ

まずバリバールは、彼の専門分野の一つであるホッブズ哲学とスピノザ哲学の考察から開始する。ここで彼が考察しようとしているのは、サイエンス（本書ではほぼ一貫して「科学」と訳したが、もちろんこれは「学問」の意味に相当するような広い意味での「科学」を意味する場合もある）、つまり「真理の言説」と政治権力との原理的な結びつきについてである。両者はまさしく原理的・本質的に結びついている。しかしながら、この結びつき方には二通りある。一方を典型的に表現するのがホッブズであり、もう一方を典型的に表現するのがスピノザである。この両者は、真理の概念を異にしており（したがって当然、サイエンスについての考え方も異なる）、これと相関して、権力や国家に関する考え方も根本から異なっている。バリバールは、ホッブズ的な考え方を真理の「制定（institution）」、スピノザ的な考え方を真理の「構成（constitution）」と特徴づける。

この区別は政治思想史的にも重要である。ご承知のように、スピノザの哲学は、ホッブズの哲学を受けて、それを（外見上は忠実に、しかし実際には批判的に）展開・発展させるというかたちをとっている。使われる概念はきわめて似通っている。ところが両者の哲学には決定的な相違がある。問題は、ほぼ同じ概念を用いて表現された両者のなかにあるこの決定的な相違をどう定式化したらよいか、その相違の意義をどのようなものと考えたらよいかである。多くの思想家が挑戦してきたこの難問にバリバールも挑む。おそらく彼は、この相違こそが、現代社会を政治的に考察・批判するうえで決定的に重要だと考えている。

それでは、バリバールは両者の相違をどこに求めるのだろうか。彼によれば、問題は、科学（学問）、つまり「真理の言説」と個人の内面的感情ないし情念とを切断しようとするのか、それとも切断不可能なものとみて、両者の結びつきを前提にして考えるのか、である。前者の方法をとるのがホッブズであり、後者の道を行くのがスピノザである。この両者を分け隔てているもの、それは「真理」に関する考え方の違いにある、とバリバールは考える。

ホッブズによれば、科学は感情的なものと切り離されることによって客観性・普遍性をもつ、つまり「真なるもの」となる。したがって、個人的利害関心とはほとんど関係のない事柄を対象とする「幾何学」が、ホッブズにとっては科学の典型となる。ところでホッブズにとっては、「真理の場所」とは言説または言語表現（ランガージュ）である。言語表現は、それ自身において、「誤用」される可能性をもっている。これはつまり、言語表現には正当な「用法」があることと一つである。なぜ誤用されるのか。それは、感情によって言語表現を不当な仕方で使用するからである。したがって問題は、言語表現の使用と感情とを切り離すことである。そしてこれは、言語表現は本来「一義的」な意味をもつ、ということを前提にしている。したがって、真理に行き着くためには、つまり言語表現を正当に使用するためには、この一義的な意味をすでに人が知っているのでなければならない。けれども、この一義的な意味が何かは、それを教える言語表現によってしか知ることができない。この教える言語表現が理解されるためには、つまり一義的な意味において理解されるためには、それを教える言語表現がなければならない。この無限退行をどのようにして止めることができるだろうか。

まず、すべての人間が生まれながらにしていわば普遍言語をもち、理性の能力によってその意味を理解している（または理解することができる）、と仮定する方法が考えられる。この場合、その理性と普遍言語とは何によって授けられたのかと問われると、それは神によってであると答えざるをえないであろう。ホッブズはこれを拒否する。バリバールによれば、ホッブズがここで訴えるのが、「万人の万人に対する闘争」といういわゆる戦争状態の仮説である。この戦争状態によって人々は理性に目覚めるのである。もちろん、戦争状態が言語を生み出すわけではないであろうから、言語はすでに、戦争状態とは独立に存在するであろう。戦争状態とは、言語表現の使用について、それを規制するための、つまり正当な（感情的でない）使用をさせるためのものなのである。そしてこの戦争状態＝自然状態においては、コミュニケーションが可能であるということ自体が、言語表現を正しく用いていることの証しである。

したがって、戦争状態を終わらせるいわゆる「社会契約」とは、言語表現の正当な使用を保証するために結ばれるということになる。そしてこの社会契約によって権力体、つまり「コモンウェルス」が設立される。したがってコモンウェルス、つまりいわゆる国家とは、言語表現を正しく使用させるための、つまり真なる言説を語らせるための装置、言説統制装置であるということになる。この場合、何が正当な使用か、何が真理（真なる言説）かを決定するのは国家である。これをバリバールは真理の「制定」と呼ぶ。ただしこれは、国家はいかなる言説であっても真理として制定しうるという意味ではない。制定される真理とは、感情とは切り離された用法をもって行なわれる言語表現による言説としての真理でなければならない。そうでないと国家は滅びるであろう。

国家は、つまり主権者は、まずは法律というかたちでこの制定を行なう。けれども法律もまた言語表現であり、誤用の可能性がある。誤用によって法律から逸脱した場合には国家によって制裁が科せられるであろう。さらに国家は、哲学教師を公認し、言語表現の正しい用法、つまり真理を教えさせるであろう。これはつまり、哲学教師が、感情から切り離された言語表現の使用法を教えることであり、その典型が幾何学であることになる。

ところでこの場合、公民は、外部に表われる行為において法律に従えばよいのであり、心のなかで法律に反することを考えていてもそれはかまわないということになる。つまり、心のなかと外部的な行為とが分裂してしまう余地がある。心のなかを感情的・情念的なものと呼べば、感情とは切り離して法律に従え、ということになる。

ところがバリバールによれば、スピノザはこのような言語表現の使用と感情との分離、すなわち外部または言説または行為と心のなかとの分離は不可能であるし、正当なことでもないと考える。むしろ、自分の感情と一体となった言語表現の使用による認識こそが十全なる、真なる認識であると考える。感情とは諸個人によってさまざまであるとすると、真なる認識の数もまた、この諸個人の数だけあることになる。そしてまた、これらの真なる認識、真理のあいだに優劣関係はないことになる。これをバリバールは真理に関する「デモクラシー主義」と呼び、これに対してホッブズの真理の考え方を「リパブリック主義」（これは「レス・プブリカ主義」と考えた方が正確である）と呼ぶ。それではこのスピノザにおける真理の「デモクラシー主義」において、真理とはいかなるものと考えられているのだろうか。この場合、各人の「特異性」の表現が「真理」であるということになるだろう。つまり真理とは、各人の特異性につけられた「名前」であることになる。このようなさまざまな真理を奉じる諸個人が結合する仕方をバリバールは「構成」と呼ぶ。スピノザ的な国家は、このような「構成」を基本原理としてつくられることになるだろう。けれども、そもそもこのような諸個人が結合することは可能だろうか、またいかにして可能だろうか。つまり、スピノザ的な「構成」とはいかなる事態だろうか。これこそバリバールが、ホッブズとスピノザとの突き合わせから引き出した根本問題である。彼は今度はデリダ、フレーゲ、そしてとりわけ『論理哲学論考』におけるヴィトゲンシュタインの思想、等々を検討しながら、スピノザ的「構成」、または真理の「デモクラシー主義」とは何か、またこの場合の「真理」とはいかなる意味かを探求する。

三　真理の「デモクラシー主義」における「真理」

複数の真理が存在し、かつそれらのあいだに優劣関係がないという真理の「デモクラシー主義」において、これらの真理は、またこれらの真理のそれぞれの信奉者はいかにして共存しうるだろうか。そもそも真理とは、自分に反するものを「偽」として排斥するものである以上、複数の真理が共存するということはありえないのではないだろうか。第二章においてバリバールは、主に現代哲学の成果を基にこの問題に取り組む。

まずバリバールは、真理とは名前であると言う。名前である以上、それは特異なもの、唯一無二のものであり、その意味はそれ自身と照らし合わせることによってしか知りえない。つまり、真理は、自分の意味を開示するのに、自分自身を参照するように指示するのである。言い換えると、「真理」とは、自分自身に言及している、自分自身を指示しているのである。これをバリバールは、真理の「自己言及」または「自己指示」と呼ぶ。この真理の自己言及とは匿名的な作用である。これを受けて各人はそれぞれにこの真理を定義する。これはつまり、各人がこの真理を名づけることである。これによって真理は複数の別名をもつことになる。けれども、なぜ一つではなく複数の別名が生まれるのだろうか。この問題をバリバールはまず、デリダの「散種（dissémination）」の概念を基に解明しようとする。「散種」とは、デリダにとって言葉の「本質」（形而上学的な意味での「本質」とは異なる意味での）であるエクリチュール性によって、言葉がさまざまな意味において解釈されていくことである。言葉とは唯一の意味をもつとする形而上学的な考え方からすると、そもそも一つの言葉が複数の意味で解釈されるということは、一つを除いて残りすべての解釈が、または端的にすべての解釈が誤りである（偽である）ことを意味する。しかしデリダにとっては、言葉が唯一の意味をもつとは、形而上学に特有の「音声中心主義」に由来する誤りである。この「散種」の作用においては、解釈される言葉、今の場合には「真理」は名前として捉えられている。人が真理（vérité）を、最初の文字を大文字にして**真理**（Vérité）と書くということは、真理が名前として捉えられていることの証しである。このように最初の文字を大文字にすることによって、同じく大文字から始まる**真理**の数々の別名が生まれる。この別名が生じる作用こそ、デリダが「差延（différance）」と呼ぶものにほかならない。

この大文字から始まる**真理**の別名をバリバールは「支配語（maître-mot）」と呼ぶ。なぜ支配語が出現するのか、そのメカニズムをバリバールは考察する。そしてこのメカニズムのことを彼は「観念の論理学（idéo-logique）」と名づける。これは、「イデオロギー」という観念の、バリバールによる発展的・批判的継承である。彼は、いわゆる「イデオロギー」やその批判から、支配語が発生するメカニズムを取り出したのである。したがってこの「イデオ＝ロジック」とは、真理の別名の発生の論理を指し示す言葉となる。

それでは、「真理」を定義する＝言い換える過程において、いかにして複数の支配語が生じるのだろうか。その手がかりは、「真なるもの」の否定には複数の意味があるという事実において与えられる。真なるものの否定とは、偽なるものであり、あるいは嘘偽りであり、誤謬であり、虚構であり、不実であり、忘却であり、等々、さまざまな意味をもつ。したがって真なるものもまた、その否定の多義性に対応して、多様な意味をもつはずである。実は「真」の意味を定める場合には、その否定のさまざまな意味のなかから一つが選択され、それとの関係で「真」の意味が一義的に定められるのだとバリバールは言う。一つが選択されるとは、それ以外の意味は否定されること、真なるものの意味から排除されることを意味する。そして、この否定の作用が否定される、つまりなかったことにされるとき、真理の意味が一義的に確定すると同時に、その真理の意味を定義する語が「支配語」として、これまで真理が占めていた位置を占めることになるのだと彼は言う。したがって支配語はすべて、それが含む真なるものの否定の特定の仕方とは異なるさまざまな否定の仕方と衝突しつつ、それを排除したことの「痕跡」を残していることになる。また、特定の支配語によって定義される真理は、排除された、真なるものの他のさまざまな否定の仕方によって問いただされることになる。そして、この問いただしの作用と、それによる真理の名づけ直し、つまり新たな支配語の生成とからなる過程が無際限に続くことになる。まさしくこれは、後期ヴィトゲンシュタインが「言語ゲーム」の名の下で描き出していた事態である。

バリバールによれば、このような事態をすでにフレーゲが、命題の「意味（Bedeutung）」と「意義（Sinn）」とを区別し、真理値を、すべての命題において同一である言及作用（つまり「意味」）と考えることによって語っていた。また、『論理哲学論考』におけるヴィトゲンシュタインが、言語表現における「写像」理論において、また「命題の一般形式」の名の下ですでに語っていた。この事態を、彼らとは違った観点からではあるが、バシュラールやカンギレムが、科学におけるイデオロギーの必然的作用を解明することによって描き出している。これをバリバールは第三章と第四章において明らかにしようとする。そうすることによってバリバールは、彼の言う「観念の論理学」や真理の「デモクラシー主義」をより具体的に描き出し、その解明を進めようとするのである。

四　切断と改鋳

第三章におけるバリバールの目的は、認識論的切断というよく知られた語の含意を可能な限り引き出し、切断と真理との関係についての一般的な解釈を訂正することである。F・ルニョーが物理学の歴史に即して提示した認識論的切断の定義に注釈を加えながら、バリバールは、切断がそれを修正するとともに確認しもする改鋳と不可分であること、切断から改鋳へと向かう過程で、（科学的真理と通約可能な誤謬ばかりでなく）イデオロギーとしての誤謬が重要な役割を演じることを示そうとする。これらの点を示すことで、切断の科学認識論が静態的な科学認識論の諸学派（「パラダイム」や「エピステーメ」の科学認識論）とは異なる動態的なものであることが示され、絶対的な真理か相対的な真理かという不毛な二者択一と訣別することができるようになるとバリバールは考えているのである。

認識論的切断が認識論的断絶と区別されるべきであるというルニョーの見解はよく知られているであろう。前者が方法の原理そのものを対象とする断絶であって、そうした原理を前提とした（内イデオロギー的）断絶との断絶であるという見解は、バシュラール以降の、とりわけアルチュセールの科学認識論の主張を補強するものとして理解できよう。バリバールが重視するのは、切断が特定の諸概念の構築という出来事に内在的であること、切断に関する一般的な理論を提示するのは厳密には不可能であることである。

切断において構築されるこの概念は、概念＝方法であり、概念＝問題である。切断と真理との関係の解明に主眼を置く本章においては、特に後者の側面が強調されている。概念＝方法が問いの解決において概念が果たす機能に着目した特徴づけであるのに対して、概念＝問題は、概念が有する、それが解決するより多くの問いを提起し、さらなる概念化を強いるという特性を表わしている。

切断の真理効果の分析は科学的論証の特徴を確認することから始まる。科学的論証にはさまざまなものがあり、決して一つのモデルに還元されないが、多様な論証形態は、明証性に対立するという性質、特定の対象や領域に相対的なものであるという性質を共有している。バリバールはまず、論証の相対性を通俗的な解釈から救出する。バリバールによれば、この相対性は、いわゆる相対主義の主張するところとは異なって、論証がその結果に付与する真理が相対的であるという意味での相対性ではなく、科学的論証の未完成、論証が科学的真理の裁可を可能にする新たな諸問題の発見の基盤であるという意味でのそれである。だが、切断の効果をより深く理解するために焦点を当てる必要があるのは、明証性との対立、断絶の方である。ここで言う明証性とは直観の明証性であるが、明証性一般ではなく、特定の諸概念に備給された明証性である。こうした明証性はバシュラールの言う「認識論的障害物」にほかならず、それを誤謬（あるいは偽なるもの）と呼ぶこともできる。

誤謬には二つの種類のものがある。一つは科学的誤謬であり、科学の歴史のうちでその正当な存在を認められている誤謬である。それは法則や理論の反駁が論証の一契機であるという事情に対応したものである（運動量保存についてのデカルトの原理に反駁するホイヘンス、獲得形質は遺伝しないことを論証するメンデルなどが例に挙げられている）。もう一つの誤謬は一般にイデオロギーと呼ばれるものであり、渦動説のデカルトや汎生説のダーウィンによって代表される。科学的誤謬が反駁あるいは論証によって解消されるのに対して、論証可能でないものの執拗な存続としての誤謬＝イデオロギー（の明証性）は問題系の根源的な変化によってしか破壊されない。バリバールが注目するのは、イデオロギーとしての誤謬が科学の歴史のうちで演じる特異な役割、とりわけ認識論的切断以後に、認識論的切断によって開かれた地平でそれが演じる役割である。このような視点から、認識論的な切断と改鋳との関係が考察されることになる。

バリバールは、ルニョーに従い、物理学の歴史を参照しつつ、切断は改鋳を伴うこと、むしろ、切断の意味が十全な仕方で知られるのは改鋳によってであるという意味で、切断は改鋳を必要とすること、改鋳が切断以来の矛盾――科学的な考え方と存続ないし回帰するイデオロギーとの――を公理化と部分的に重なる方法を用いて解消するものであることを指摘する。バリバールは、ニュートンの絶対時間・絶対空間がガリレイとアインシュタインのあいだで果たした機能の独自性——形而上学的なもの、前科学的なものでありながら、ガリレイの原理を鍛え、それを多様な領域に拡張することを可能にし、ある意味でアインシュタインの発見を促したとさえ言える——を強調しながら、ガリレイ物理学の完成、その本性の認識がアインシュタインの相対性の発見によって可能になったと論じる。さらに、これを敷衍して、改鋳が、切断がそうであるのと同じく、概念を対象としたものであり、概念の有効性の条件の再認を通じた概念の裁可であるという主張がなされる。バリバールによれば、古典的な物理学と相対性理論とが、とりわけ因果性の概念において例証しているのは、まさにこのことである。

バリバールはイデオロギーと概念との関係についての考察をさらに深め、科学的イデオロギー（カンギレム）に言及している。力学からカテゴリカルに区別されえない機械論を典型とする科学的イデオロギーが科学的真理の歴史のなかでどのような役目を担うのかという問題は、次章のテーマの一つを構成する。

五　真なるもののうちにある？

第四章では、バリバールは、カンギレムの数あるテクストのなかから「真なるもの」に関するカンギレム独自の見解が展開されているように見える三つのテクストを取り上げ、カンギレムの科学認識論における科学と真理との関係、彼の用いる「真なるもののうちにある」という表現の意味を明らかにしようとしている。

カンギレムが、科学と真理とを同一視するような（伝統的で素朴とも言える）発言を繰り返してバリバールを当惑させながら、歴史性が科学性の不可欠の要素であることを指摘し、科学認識論が特定の科学的実践を取り巻く具体的なコンテクストから分離不可能であることを確認してもいるということをいかに理解すればよいのだろうか。

バリバールが注目するのは、通常カンギレムと同じ陣営に属すると見られているフーコーとの異同である。カンギレムとフーコーの差異は「真なるもののうちにある」という状況をどのように理解しているかにあり、カンギレムの場合、それは、一時的なものであるかもしれないが安定した空間のうちにいることをではなく、むしろ矛盾をはらんだ不安定な状態にあることを意味するのである。バリバールによれば、カンギレムがそのガリレイ論のなかで示唆しているのは、フーコーが――カンギレムに忠実であるつもりで――メンデルという事例に即して主張している、真理の歴史的相対性ではなく、「真なるもののうちにある」が真なるものに先行しているとともにそれに遅延しているという事態を指しているということ、真なるもののうちにあることは同時に誤謬のうちにもあることであるということである。

「真なるもの」の相関者としての誤謬とはどのようなものか。バリバールは、論文「科学的イデオロギーとは何か」を参照しつつ、科学性のモデルを誇張的に拡張したものとしての科学的イデオロギーこそ、そうした誤謬であると言う。真理の規範を存在させる概念の適用の条件を満たさない領域へのその拡張――これは概念の循環や変形といった仕方で遂行される――の所産としての科学的イデオロギーは、確かに誤謬ではあるが、真理の歴史を存在させる当のものでもある。科学的イデオロギーとの切断がそのつど科学的真理を出現させるのだから、科学的認識の歴史は概念の領域横断的な移動に基礎を置いていると言わねばならないのである。バリバールはさらに、カンギレムが、科学の創造に対する科学的イデオロギーの先行性の主張を通じて、スピノザの流儀で、科学の絶対的な起源の問題と訣別したという事実に注意を喚起する。認識論的切断は、単にイデオロギーとの切断であるのではなく、科学のイデオロギー化の結果としての科学的イデオロギーとの切断だというわけである。「真なるもののうちにある」を真ならざるもののうちにもあるという意味に理解することと同じく、科学的イデオロギーの生成過程への回付もまた、認識論的切断について従来支配的であった解釈、イデオロギーから科学へという単純な図式を修正ないし補完し、科学の歴史を無限の過程として把握することを促すものと考えられる。

バリバールは、カンギレムが「生命」について説明しているテクストに依拠して、科学的イデオロギーの機能様式をその具体性において捉えることを試みた後、認識論的障害物としての科学的イデオロギーの多次元的な構造を確認することへと進む。多様な仕方でなされる生命の定義の構築の根底にはつねにコンプレックスがあり、したがって生命の定義やそれに根差す生物学はイデオロギー的なものであることを免れない（バリバールが主張するように、あらゆる科学的イデオロギーに生命の定義が含まれているとすれば、生命の定義は科学的イデオロギーあるいは認識論的障害物の一事例以上のものであることになるが、ここではその点は措く）。だがそれだけでなく、科学的イデオロギーは社会や権力をめぐる衝突といったものの表象と必然的な関係、どちらが他方のモデルや隠喩であるのかが不明なほど緊密な関係を取り結んでもいる。

以上の議論を踏まえ、バリバールは最後に、当初科学＝真理として表わすことができるように見えた

カンギレムの科学観に、その含意を十全に展開した

科学＝（歴史性＝（イデオロギー化／脱イデオロギー化）＝客観性）＝真理

という定式を与える。カンギレム自身によっては提示されなかったこの定式が意味しているのは、「真なるもののうちにある」ことが科学のうちにあることであるということだけでなく、科学は客観的なものであると同時に歴史的なものであるということ、無限の過程であるということであり、「真なるもののうちにある」が誤謬や修正の危険のうちにあることであるということである。とりわけ重要なのは、この定式の中心に置かれたイデオロギー化／脱イデオロギー化である。それは、イデオロギーから科学への移行というバシュラール＝アルチュセール的な見方を刷新するものであり、真理の規範の誇張的な適用による科学のイデオロギー化、そのさらなる脱イデオロギー化＝新たな認識論的切断をその不可欠の契機とする科学の歴史の「弁証法的な」あり方、その無限性を表わしている。

バリバールがカンギレムのうちに見いだし再構成した科学や真理の観念が、カンギレム解釈という枠組みを超えて一般的に通用するものであるかどうかの判断は読者に委ねたい。だが、少なくとも、カンギレムの科学認識論の固有性を同定する際のバリバールの手腕が見事であること、彼の試みが、科学の歴史における不連続性の主張という表層的な次元での類似を根拠に等しなみに扱われることの多いクーン流の科学哲学からカンギレムの理論を分かつものを明示することを通じて、相対的な真理という観念に訴えるのとは別の仕方で、科学と真理、歴史のあいだの関係を考えることへとわれわれを導くものであることは指摘しておくべきであろう。

（以上の「訳者解説」は、一から三までを堅田研一が、四と五を澤里岳史が執筆した。）

訳者あとがき

本書は Étienne Balibar, *Lieux et noms de la vérité*, Éditions de l'Aube, 1994 の全訳である。

本書が出来上がった経緯については、バリバール自身が「はしがき」で述べているので、それをご参照いただきたい。

本書は、バリバールの著作のなかでも異色のものではないかと思われる。バリバールがこれまで行なってきた仕事は、大まかに言えば、政治哲学者としての仕事、科学哲学者としての仕事、政治思想家としての仕事、哲学者としての仕事に分けられるのではないかと思われる。もちろんこれらの側面は、彼のなかで不可分に結びついており、例えば時事的な政治問題について論じる場合にも、すぐにマルクスやスピノザやホッブズなどの名前と理論が持ち出される。ところが本書では、この四つの側面が、おそらくは最も原理的なかたちで、明示的・自覚的に結びつけられている。このようなかたちのものは、バリバールのほかの著作にはほとんど見当たらないと思われる。おそらく、バリバールの思索を支える根本的な考え方が本書で表現されているのではないだろうか。

前半の二つの論文は、「真理」をめぐる主権的権力体（国家）と科学（学問）との関係についての分析にあてられている。第一論文では、この関係に関する、ホッブズ型の「制定」とスピノザ型の「構成」という二種類のあり方が分析される。第二論文では、とりわけスピノザ的「構成」の考え方、言い換えると真理の「デモクラシー主義」が、主にスピノザとヴィトゲンシュタインを基に、「イデオロギー」から「真理」が「支配語」として出現する様を分析しながら展開される。

後半の二つの論文は、まさしく科学哲学に関するものである。けれども、バリバール自身が言うように、前半と後半とは不可分であり、一方を理解するためには他方の理解が欠かせない。それは、科学哲学とは、まさしく真理とイデオロギーとの関係を精密な仕方で問題にするからであろう。つまりそれは、イデオロギーから真理が出現する様の解明である。したがって、科学哲学の成果は、彼が本書で真理のデモクラシー主義と呼ぶものを展開していくうえで、なくてはならないものであろう。そしてまたその成果は、真理と権力体との結びつきによって、政治的な意味をもっているであろう。私見では、バリバールは、この真理のデモクラシー主義を、グローバリゼーションの時代における政治的な結合のための理念として考えているように思われる。この意味で本書は、抵抗困難なグローバリゼーションの運動のなかで政治的な混沌状態にあるわれわれに大きな示唆を与えるものであると考える。

本書の翻訳作業について記しておきたい。はしがき、第一章、第二章は堅田、第三章と第四章は澤里がそれぞれ担当し、まず両者がそれぞれ訳稿をつくった。その後、両者は原稿を読み合い、訳語の確定や内容の解釈などについて討議・検討し、統一を図った。ただし、すでに述べたように、本書の前半と後半とは、（確かに相互に不可分とはいえ）扱うテーマや内容を完全に異にする。そのため、完全に訳語を統一しきれない部分が残り、その部分については、それぞれの裁量に任せた。

あまりにも広範な分野・テーマを見事に処理するバリバールの博識ぶりに訳者二人は翻弄された。思わぬ誤解や見当違い、読み間違いがあるに違いない。読者諸賢のご叱正とご教示をいただければ幸いである。

本書の価値をいち早く見抜き、その翻訳をわれわれ二人に勧めてくださったのは、昨年（二〇〇七年）の五月五日に急逝された今村仁司先生である。訳業をお引き受けしてからほぼ一〇年が経ってしまった。われわれの怠慢で、先生の生前に本書を刊行できなかったことが本当に残念である。訳者二人は、先生から計り知れないご恩を被った。この拙い訳書を先生に捧げたい。

最後に、あまりにも時間のかかった訳業を忍耐強く、またあたたかく見守ってくださった法政大学出版局の藤田信行氏には、感謝の言葉も見当たらない。深くお礼を申し上げたい。

二〇〇八年三月一一日

堅田研一

著者

エティエンヌ・バリバール
Étienne Balibar
1942年生まれの現代フランスの哲学者．1960年から５年間高等師範学校に学び，師のルイ・アルチュセールに出会う．1965年『資本論を読む』をアルチュセールと共同執筆する．当時20代前半の若さであった．1968年からパリ第一大学で助手・講師・助教授をつとめ，94年からはパリ第十大学（ナンテール校）の教授として政治哲学・道徳哲学を担当している．マルクスとマルクス主義の研究分野で造詣が深く，アルチュセール亡きあと国際的に最も注目されている哲学者のひとり．邦訳書に，上記のほか『史的唯物論研究』，『プロレタリア独裁とはなにか』，『ルイ・アルチュセール』，『マルクスの哲学』，などがある．

訳者

堅田研一（かただ　けんいち）
1962年生まれ．早稲田大学大学院法学研究科博士課程（法哲学）満期退学．現在愛知学院大学法学部准教授．訳書：デリダ『法の力』（法政大学出版局），コジェーヴ『法の現象学』（共訳，同），ドゥブー『フーリエのユートピア』（共訳，平凡社）．

澤里岳史（さわさと　たけし）
1968年生まれ．早稲田大学大学院文学研究科博士課程（哲学）満期退学．現在早稲田大学文学学術院講師．訳書（共訳）：ハーバーマス他『テロルの時代と哲学の使命』（岩波書店），ジジェク他『来たるべきデリダ』（明石書店），ヴィリリオ『民衆防衛とエコロジー闘争』（月曜社）．

《叢書・ウニベルシタス　899》
真理の場所/真理の名前

2008年10月10日　　初版第1刷発行

エティエンヌ・バリバール
堅田研一／澤里岳史 訳

発行所　財団法人 法政大学出版局
〒102-0073 東京都千代田区九段北3-2-7
電話03(5214)5540／振替00160-6-95814
製版，印刷：平文社／誠製本

Printed in Japan

ISBN978-4-588-00899-3

原　注

第一章　真理の制定

1．1988年10月にウルビーノで開催されたコロキウム「ホッブズとスピノザ，学問と政治（Hobbes e Spinoza, scienza e politica)」で行なわれた報告．初出は，*Hobbes e Spinoza, scienza e politica, Atti del Convegno Internazionale, a cura di Daniela Bostrenghi, Introduzione di Emilia Giancotti*, Bibliopolis, Naples, 1992.

2．*Manuscrito*（ブラジル，カンピナス大学の紀要)，第６巻第２号，1983年４月，所収．

第二章　真理の場所／真理の名前

1．これは，1986年９月30日に「科学哲学のためのボストン・コロキウム」において行なわれた講演である．この講演は，「真理なるもの（La Vérité)」と題された研究大会（国際哲学カレッジ（パリ）の一環として，グラハム・ロックが主宰した）において，1987年３月21日にもう一度行なわれた．本書のために修正を行ない，注を加えた．

2．1639年10月16日付のメルセンヌ宛の手紙（Descartes, *Œuvres philosophiques*, Édition de F. Alquié, Éditions Garnier, 1967, Tome II, p. 144)．

3．フランス語訳は次のとおり．«La conception sémantique de la vérité et les fondements de la sémantique», dans *Logique, Sémantique, Métamathématique*, Armand Colin, 1974, vol. 2.

4．フランス語訳は次のとおり．«Sens et dénotation», dans Gottlob Frege, *Écrits logiques et philosophiques*, traduction et introduction de Claude Imbert, Éditions du Seuil, 1971.〔土屋俊訳「意義と意味について」，黒田亘・野本和幸編『フレーゲ著作集４　哲学論集』勁草書房，1999年，所収〕

5．スピノザ『エチカ』，第２部，定理43の備考．〔畠中尚志訳『エチカ――倫理学――(上)』岩波文庫，1951年（改版1975年)〕

6．ニーチェ『偶像の黄昏』，「いかにして世界＝真理がついに作り話となったか」．〔「偶像の黄昏」，西尾幹二・生野幸吉訳『ニーチェ全集第４巻』白水社，1987年，所収〕

7．«La chose freudienne», réédité dans *Écrits*, Éditions du Seuil, 1966, p. 409.〔佐々木孝次訳「フロイト的事象，あるいは精神分析におけるフロイトへの回帰の〈意味〉」，佐々木孝次・三好暁光・早水洋太郎訳『エクリⅡ』弘文堂，1977年，所収〕

8．この分化における一つの補足的な様相をついでに指摘しておこう．すなわち，無限の隠喩化は，それ自体が，真理の一つの自己言及的な指標になるのであり，それによって，真理に対するしかじかの命名を正当化することが可能になる．例えばラカンは，「男根」を真理のシニフィアンとみなすこともできる．それはなぜかというと，男根は無意識の言説において無限に隠喩化されていくからである…….

9．フロイトの短いテクスト，*Die Verneinung* (trad. fr. La Négation), in *Résultats, Idées, Problèmes*, volume II (1921-1938), P.U.F., 1985，を参照．〔「否定」，高橋義孝，他訳『フロイト著作集３』人文書院，1969年，所収〕

10．特に，Jean-Claude Milner, *Les Noms indistincts*, Édition du Seuil, 1983，を参照．ここで次のような一つの系譜学の全体を再構成することができるであろう．すなわちそれは，「神のさまざまな名前」を注釈したり反転させたりすることに由来し，ベーコン，スピノザ，シュティルナー，マルクス，ニーチェ……を経由する系譜学である．『プラグマティズム――ある古い考え方を表わす新しい名前（*Pragmatism, A New Name for Some Old Ways of Thinking* (1907)）』においてウィリアム・ジェームズは，「かの典型的な種族の偶像，すなわち**真理**なるものの観念」を告発して，次のように書いた．「世界の謎にたいする一切のいかめしい一語の答，例えば，**神**，**一者**，**理性**，**法則**，**精神**，**物質**，**自然**，**極性**，**弁証法的過程**，**観念**，**自己**，**大霊**，などというような答が，人々の賞讃をほしいままにしてきたのは，そのような神託的役割によるのである……」(rééd. Harvard University Press, 1981, p. 115)〔桝田啓三郎訳『プラグマティズム』岩波文庫，1957年，175頁〕．ミルネルは，支配語の自己言及的な意味作用とは，「**きずな**を語る」という機能にあると見る．彼は次のような最初のリストを示す．すなわち，「**存在**，**世界**，**労働**，**歴史**，しかしこれらとまったく同様のものとして，**三機能性**，**人種**，さまざまな**宇宙発生論**，さまざまな**神話**……」．「**きずな**」や「一語の答」もまた，支配語たりうることは明らかである．すなわち，およそ批判というものは，「回収することができる」．より正確に言うと，批判とは，それが批判するものに関する一つの言明作用でもある．同じく，Jean Robelin, *Maïmonide et le langage religieux*, P.U.F., 1991, ch. 4 : «Nom de Dieu! ou le maître-signe» を参照．

11．私は次の著作を私なりに解釈することによって，この着想を得た．Dominique Lecourt, *La philosophie sans feinte*, J. E. Hallier-Albin Michel, 1982.

12．P. Legendre, *Leçons II : L'empire de la vérité. Introduction aux espaces dogmatiques industriels*, Fayard, 1983, pp. 178 et 186.〔西谷修・橋本一径訳『真理の帝国――産業的ドグマ空間入門』人文書院，2006年，240，249頁〕

13. Enrique Mari : «Jeremy Bentham : du “souffle pestilentiel de la fiction” dans le droit à la théorie du droit comme fiction», *Revue interdisciplinaire d'études juridiques*, 1985, 15.

14. Hans Kelsen, *Théorie pure du droit. Introduction à la science du droit*, Éditions de la Baconnière, Neuchâtel, 1953, p. 117.〔横田喜三郎訳『純粋法学』岩波書店，1935年〕

15. われわれが言うところの二つの「抑圧」，すなわち否定の抑圧と衝突の抑圧とが本当に互いに無関係なのかどうかを自問してみるのがよいであろう．それは，ある衝突の抑圧が，ある失効した支配語を，非真理のさまざまな形態（嘘偽り，錯覚，欺瞞，無知……）のうちの一つを用いてマークすることを経て行なわれるという理由からばかりではない．真理の命令の下で「判断」または分割のためのさまざまな手続きを階層化すること自体が，真理の再＝命名を経て行なわれるという理由からでもある．ここで思い浮かぶのが，デリダが「古名（paléonymie）」と呼ぶものである（*La Dissémination*, Éditions du Seuil, 1972, p. 9 et sv.）．これは，真理という語の歴史への問いであり，またわれわれが「真理」と「翻訳する」さまざまな言葉への問いである（Marcel Détienne, «Le choix : Alètheia ou Apatè», dans *Les Maîtres de vérité dans la Grèce archaïque*, François Maspero, 1967, を参照）．

16. «“DIEU EST DIEU,” Essai sur la violence des propositions tautologiques», in *Philosophie buissonnière*, Jérôme Millon, Grenoble, 1989, において，スタニスラス・ブルトン (Stanislas Breton) は，真理のさまざまな名前から「意味を締め出す」作用における本文で述べたのとは別のある両面性――すなわち支配と解放――を検討している．

17. Ludwig Wittgenstein, *Tractatus logico-philosophicus*, 命題 6 は次のように言う．「真理関数の一般形式は［$\bar{p}$, $\bar{\xi}$, N($\bar{\xi}$)］である．これは命題の一般形式である」〔野矢茂樹訳『論理哲学論考』岩波文庫，2003年，118頁〕．

18. A. バディウ（A. Badiou）が，『存在と出来事（*L'Être et l'Événement*）』（Éditions du Seuil, 1988）において提示した次のような真なるものに関する定義のなかに，この別の例を見て取ることができるであろう．すなわちバディウの定義によると，真なるものとは，知のためのもろもろの有限な手続きの命名能力に「無理を強いる（force）」一つの出来事における「類生成的な識別不可能なるもの（indiscernable générique）」である．バディウが擁護するところの多なるもののプラトニズムは，ほかのものに帰着させることのとりわけ困難な，「さまざまな無限なるものからなる無限なるもの」を構成することによって，さまざまな真理の平等性を考えようと試みるものであると思われる．スピノザにおいては，有限なるものがその固有の秩序において過剰であることが，むしろ「特異性」と名づ

けられているという点を別にすれば，たぶんこのバディウの考え方は，彼が考えるほどスピノザから遠いものではない．

19. Claude Imbert, «La dissidence des preuves : Leibniz, Kant, Frege», dans *Phénoménologies et Langues formulaires*, P.U.F., 1992, p. 123. 「二次元的象徴主義（……）は，概念的なものと推論に基づくものとのある種の等価性を含む．この等価性は，なるほど概念的なものを，推論に基づくものの統語法に委ねてしまうけれども，それと引き換えに次のように想定する．すなわち，算術的諸概念は，この学問を支えるさまざまな証明と区別できないものであった，と」．形式的に申し分のない論証の数だけ概念があり，またその数だけ真理があることになる．スピノザ的な用語で言えば，次のようになるであろう．すなわち，あらゆる「観念」は，ただそれだけで「観念の観念」である，と．

第三章　切断と改鋳

1．1988年2月24日，パリ第一大学で，オリヴィエ・ブロックにより指揮された，唯物論の歴史に関するセミネールで行なわれた講演を，1988年6月27日に *Wissenschaftskolleg zu Berlin* に収録したもの．本書のために展開し注を付した．

2．ルニョーのテクストは内輪で普及しただけだった．その簡潔な要約は，M. Fichant, M. Pécheux, *Sur l'histoire des sciences*, François Maspero, 1969（«Cours de philosophie pour scientifiques, fascicule, III»）に現われる．同様に，L. Althusser, *Philosophie et Philosophie spontanée des savants*, François Maspero, Paris, 1974〔西川長夫・坂上孝・塩沢由典訳『科学者のための哲学講義』福村出版，1977年〕を見よ．私は二度，«Le concept de coupure épistémologique de Bachelard à Althusser», réédité dans *Écrits pour Althusser*, La Découverte, 1991〔「「認識論的切断」という概念――ガストン・バシュラールからルイ・アルチュセールへ」，福井和美訳『ルイ・アルチュセール――終わりなき切断のために』藤原書店，1994年，11-122頁〕と，最近の «L'objet d'Althusser» dans *Politique et Philosophie dans l'œuvre de Louis Althusser*, sous la direction de Sylvain Lazarus, P.U.F., 1993 で，アルチュセールにおける「認識論的切断」という考え方について論じた．

3．Cf. Françoise Balibar, *Galilée, Newton lus par Einstein*, P.U.F., 1984.

4．Cf. J. R. Ravetz, «Galileo and the Mathematisation of Speed», dans *La Mathématisation des doctrines informes*, colloque tenu à l'Institut d'histoire des sciences de l'Université de Paris, sous la direction de G. Canguilhem, Hermann, 1972.

5．Cf. A. Koyré, «Une expérience de mesure», reproduit dans *Études*

d'histoire de la pensée scientifique, Gallimard, collection TEL. 加えて，Xavier Renou の議論 *L'Infini aux limites du calcul, Anaximandre, Platon, Galilée*, François Maspero, 1978.

6．Bachelard, *Le Rationalisme appliqué*, P.U.F., 1962, p. 120.〔金森修訳『適応合理主義』国文社，1989年，189頁〕

7．Imre Lakatos, *Proofs and Refutations, The Logic of Mathematical Discovery*, Cambridge University Press, 1976, p. 12.〔佐々木力訳『数学的発見の論理——証明と論駁』共立出版，1980年，15頁〕

8．Cf. Jean Toussaint Desanti, «Une crise de développement exemplaire: la "découverte" des nombres irrationels», in *Logique et Connaissance scientifique*, sous la dir, de J. Piaget, Encyclopédie de la Pléiade, Gallimard, 1967; M. Fichant, «L'Idée d'une histoire des sciences», in M. Fichant et M. Pécheux, *Sur l'histoire des sciences, op. cit.*

9．Jean Toussaint Desanti, *La Philosophie silencieuse ou critique des philosophies de la science*, Éditions du Seuil, 1975.

10．実際には，パスカルのテクスト *De l'esprit géométrique et de l'art de persuader*〔「幾何学の精神について」，田辺保訳『パスカル著作集１』教文館，1980年，197-237頁〕はこの点に関してあいまいである．それを，科学がその秩序において有する完全性の型を特徴づけるものとして，すなわち改めて有限性と無限定化を結合する仕方として理解することもできる．

11．Jean Cavaillès, *Sur la logique et la théorie de la science*, P.U.F., 1960, p. 25.

12．Feynman, Leighton, Sands, *Le Cours de physique de Feynman, Electromagnétisme I*, préface de G. Delacôte, Interéditions, 1979, chap. 19: «Le principe de moindre action».〔宮島龍興訳『ファインマン物理学Ⅲ 電磁気学』岩波書店，1969年，242-258，275-290頁〕

13．Cf. A. Prochiantz, *Les Stratégies de l'embryon*, P.U.F., 1988.

14．J. Derrida, *De la grammatologie*, Éditions de Minuit, 1967, 1ère partie, chap. 1 et 3.〔足立和浩訳『根源の彼方に——グラマトロジーについて・上』現代思潮社，1972，1976年〕

15．ジャン・セベスティクによる翻訳と紹介．«Bolzano et son mémoire sur le théorème fondamental de l'analyse», *Revue d'histoire des sciences*, tome XVIII-n° 2, 1964. また，Hourya Sinaceur, «Cauchy et Bolzano», *Revue d'histoire des sciences*, tome XXVI-n° 2, 1973.

16．G. Bachelard, «L'Actualité de l'histoire des sciences», dans *L'Engagement rationaliste*, P.U.F., 1972.

17．P. Macherey, «A propos de la rupture（Marxisme et Humanisme,

suite)», *La Nouvelle Critique*, n° 166, mai 1965.

18. A. Koyré, *Du monde clos à l'univers infini*, P.U.F., 1962.〔横山雅彦訳『閉じた世界から無限宇宙へ』みすず書房，1973年〕

19. Cf. Einstein et Infeld, *L'Évolution des idées en physique*, rééd. Flammarion coll. Champs.〔石原純訳『物理学はいかに創られたか——初期の観念から相対性理論及び量子論への思想の発展』岩波書店，1963年〕

20. H. Poincaré, *La Science et l'Hypothèse*, réédition avec une préface de J. Vuillemin, Flammarion, 1968, chap. IX et X〔河野伊三郎訳『科学と仮説』岩波書店，1959年，170-212頁〕; A. Einstein, *La Relativité* (*La Théorie de la relativité restreinte et générale*), tr. Solovine, rééd. Payot, 1964〔金子務訳『特殊および一般相対性理論について』白揚社，2004年〕; Hermann Weyl, *Philosophy of Mathematics and Natural Science*, repr. Atheneum, New York, 1963, II, 2 «Methodology»〔菅原正夫・下村寅太郎・森繁雄訳『数学と自然科学の哲学』岩波書店，1959年，152-181頁〕; Max Jammer, *Concepts of Force*, Harvard University Press, 1957.〔高橋毅・大槻義彦訳『力の概念』講談社，1979年〕

21. G. Bachelard, *La Valeur inductive de la relativité*, Librairie philosophique J. Vrin, 1929; «La Dialectique philosophique des notions de la relativité» (1949), dans *L'Engagement rationaliste*, *op. cit.*

22. Françoise Balibar, *Einstein 1905, De l'éther aux quanta*, P.U.F., 1992.

23. Cf. Cassirer, *Substance et Fonction* (1910), trad. fr. par P. Caussat, Éditions de Minuit, 1977.〔山本義隆訳『実体概念と関数概念——認識批判の基本的諸問題の研究』みすず書房，1979年〕

24. バシュラールのうちに (*L'Activité rationaliste de la physique contemporaine*, P.U.F., 1951)，「基礎的な」属性をもつ「小物体」のような前科学的な原子の観念が逆説的に古典力学によって再活性化された仕方に関する記述を読むことができよう．

25. この点については，基本的な論文 «Qu'est-ce qu'une idéologie scientifique?», *Organon*, 7, 1970 だけでなく，それが収録されている論文集 *Idéologie et Rationalité dans l'histoire des sciences de la vie*, Vrin, 1977〔杉山吉弘訳『生命科学の歴史——イデオロギーと合理性』法政大学出版局，2006年〕も参照されよう．

26. Cf. Canguilhem *et al.*, *Du développement à l'évolution au XIXe siècle*, 1962, rééd. P.U.F., 1985; *De Darwin au darwinisme: science et idéologie*, Congrès international pour le centenaire de la mort de Darwin, édition préparée par Yvette Conry, Librairie J. Vrin, 1983; Frank Sulloway, *Freud, Biologist of the Mind. Beyond the Psychoanalytic Legend*, Basic Books, 1979.

27．コイレにおける「科学革命」の観念の難点に関しては，エルネスト・クメ（Ernest Coumet）の論文 «Alexandre Koyré: la révolution scientifique introuvable?», *History and Technology*, 1987, vol. 4 を参照．

第四章　真なるもののうちにある？

1．国際哲学カレッジで1990年12月6日から8日まで開催されたコロキウム「ジョルジュ・カンギレム，諸科学の哲学者，歴史家」での報告．初出はこのコロキウムの記録 Albin Michel, Paris, 1993.

2．公刊された番組のテクスト *Revue de l'enseignement philosophique*, 15e année, no 2, décembre 1964-janvier 1965, pp. 10–17.

3．公刊されたテクスト *Structuralisme et Marxisme*, U.G.E. 10/18, Paris 1970, pp. 205 à 265.

4．とりわけ，*Études d'histoire et de philosophie des sciences*, 1ère éd., Vrin, Paris 1968, pp. 127 à 171 に収められたクロード・ベルナールに関するテクスト〔金森修監訳『科学史・科学哲学研究』法政大学出版局，1991年，145-201頁〕，また同様に *Revue de l'enseignement philosophique*, 18e année, no 2, décembre 1967-janvier 1968, p. 58 et sv. に書き起こされた，«La recherche expérimentale»（C. Mazièresとの共著）に関する教育番組を参照．

5．主なものは *Études d'histoire et de philosophie des sciences*, 1ère édition, Vrin, Paris 1968, pp. 173-207〔前掲『科学史・科学哲学研究』，203-240頁〕の一節に収められている．

6．G. Canguilhem, *Études d'histoire et de philosophie des sciences*, pp. 44-46〔前掲『科学史・科学哲学研究』，45-48頁〕．カンギレムがそこから想を汲んでいるコイレの一節は *Études galiléennes*, II, Hermann, 1939（rééd. 1966），p. 155 にある．

7．Michel Foucault, *L'Ordre du discours, Leçon inaugurale au Collège de France prononcée le 2 décembre 1970*, Gallimard, Paris, 1971, pp. 35-38〔中村雄二郎訳『言語表現の秩序』河出書房新社，1995年，35-38頁〕．「メンデルのケース」についてのこの分析を，カンギレム自身が «Sur l'histoire des sciences de la vie depuis Darwin»（1971）で提出し，論文集 *Idéologie et Rationalité dans l'histoire des sciences de la vie*, Vrin, Paris, 1977〔杉山吉弘訳『生命科学の歴史――イデオロギーと合理性』法政大学出版局，2006年〕に収録された分析と，また同様に J. Piquemal, «Aspects de la pensée de Mendel»（1965），rééd. dans J. Piquemal, *Essais et Leçons d'histoire de la médecine et de la biologie*, P.U.F., 1993と照合されたい．

8．*Op. cit.*, pp. 33-45.〔前掲『生命科学の歴史』，31-49頁〕

9．M. フーコーの *L'Histoire de la folie à l'âge classique*（Plon, Paris,

1961, 9. 456)〔田村俶訳『狂気の歴史――古典主義時代における』新潮社, 1975年〕に, カンギレムは「クロード・ベルナールの同時代人」から取られた驚くべき定式を読むこともできただろう.「狂気の歴史は理性の歴史の裏面である」(Michea, Jacoudの『辞典』の「鬼身妄想」の項目).「真理の歴史」というパスカル的でニーチェ的な計画がフーコーによって必要とされたのは, はるか後のことにすぎない(*La Volonté de savoir*, 1976〔渡辺守章訳『性の歴史 I ――知への意志』新潮社, 1986年〕; *L'Usage des plaisirs*, 1984〔田村俶訳『性の歴史 II ――快楽の活用』新潮社, 1986年〕を参照).

10. この最後の事例はG. Canguilhem, G. Lapassade, J. Piquemal, J. Ullmann, *Du développement à l'évolution au XIXe siècle*, Thalès, 1960, rééd. P.U.F., Paris, 1985で完全に展開されている.

11. *Op. cit.*, p. 44.〔前掲『生命科学の歴史』, 46-47頁〕

12. すでに *La connaissance de la vie*, 2e édition, Paris, Vrin 1965, p. 129 et sv. 所収の論文 «Le Vivant et son milieu»〔「生体とその環境」, 杉山吉弘訳『生命の認識』法政大学出版局, 2002年, 147-179頁〕, また同様に, パリ大学の哲学研究グループによって公刊された *Cahiers de philosophie*, UNEF-FGEL, n° 1, janvier 1967に収められた報告 «Du concept scientifique à la réflexion philosophique» を参照. この問いは, 当時, P. Macherey(«La Philosophie de la science de G. Canguilhem», *La Pensée*, n° 113, janvier-février 1964)とD. Lecourt(«L'Histoire épistémologique de Georges Canguilhem», in *Pour une critique de l'épistémologie*, F. Maspero, Paris, 1972)の注釈の対象であった.

13. «La Théorie cellulaire», in *La connaissance de la vie, op. cit.*, p. 43 et sv.〔「細胞理論」, 前掲『生命の認識』43-88頁〕, «Le Vivant et son milieu», *ibid.*, p. 129 et sv.〔前掲「生体とその環境」〕. そしてもちろん, *Du développement à l'évolution..., op. cit.* を参照.

14. かくして, カンギレムは過去それ自体のうちに, 諸概念の潜在的多価性の資格で, バシュラールが現在を, 現代科学の活動を分析するために必要なものと評価した「哲学的多元主義」を再び見いだすことを企てる. これはおそらく, カンギレムにとって, 探究し作業するあらゆる理性はつねにすでに「弁証法的」であることに起因する.

15. *Encyclopaedia universalis*, tome 16, Paris, 1974, pp. 764-769.

16. この連鎖のなかで, カンギレムが進化あるいは変形としての生命の「定義」に特別の場所を設けていなかったのは驚くべきことである.

17. *Idéologie et Rationalité...*, p. 43.〔前掲『生命科学の歴史』42頁〕

18. カンギレムはここで,「医学＝哲学的イデオロギー」について語っている.

19. *Du développement à l'évolution au XIXe siècle, op. cit.*

20. 例えば F. ダゴニェ（F. Dagognet）とのディスカッション「生物」――1968年 2 月20日 放映の教育番組（*Revue de l'enseignement philosophique*, 18e année, n° 2, décembre 1967- janvier 1968, p. 55 et sv. 所収のテクスト）――を参照.

21. 項目 *Vie*, p. 768. *Études d'histoire et de philosophie des sciences*, p. 319 et sv. 所収の «Le Tout et Partie dans la pensée biologique»〔「生物学的思考における全体と部分」，前掲『科学史・科学哲学研究』，371-388頁〕をも見よ.

22. *Idéologie et Rationalité*..., pp. 36, 42, 45.〔前掲『生命科学の歴史』35，44，48-49頁〕

23. ここで含意されている弁証法についての概念構成と，哲学の歴史のなかで提出されている別の概念構成のあいだの関係について論じることは別の作業を要請するだろう．驚くべきことに，カンギレムがニーチェの分析から出発して「否定の否定」という言語を語るようになるテクスト *Hommage à Jean Hyppolite*, ouvr. coll., P.U.F., 1971所収の «De la science et de la contre-science» の名を挙げることで満足しよう.

24. «Le cerveau et la pensée», conférence à La Sorbonne du 20 février 1980（dans la cadre des journées du M.U.R.S.), rééditée dans *Georges Canguilhem, philosophe, historien des sciences*, Actes du colloque du Collège international de philosophie, Albin Michel, Paris, 1993.